Freiarbeit
mit Religionsunterricht praktisch

Materialien für die Grundschule
– Band 2 –

3. und 4. Schuljahr

Herausgegeben
von Hans Freudenberg

Erarbeitet von:

Almut Dinter-Brosch, Margund Dreps, Sigrid Eckert, Doris Espeter, Gerhard Finger, Hans Freudenberg, Dorita Haghgu, Britta Hamer-Simons, Ursula Harkenbusch, Jutta Karrasch, Anke Knüpfer, Martina Langner, Inge Niemeier, Inga Rüter, Ute Sadie, Frauke Schnücker, Juliane Schumacher, Ilona Thiel, Janna Westerholz

Grafiken: Rainer Manfrost
            Siegfried Krüger

Vandenhoeck & Ruprecht

Die Deutsche Bibliothek – CIP-Einheitsaufnahme

Religionsunterricht praktisch [Medienkombination]:
Unterrichtsentwürfe und Arbeitshilfen für die ... – Göttingen:
Vandenhoeck und Ruprecht
   ISBN 3-525-61354-7 (Schuljahr 5–10)
   ISBN 3-525-61299-0 (Schuljahr 1–4)
Schuljahr 3/4
Freiarbeit, Bd. 1 / hrsg. von Hans Freudenberg. Erarb. von Almut Dinter-Brosch ... 2000
   (Materialien für die Grundschule)
   ISBN 3-525-61369-5
Freiarbeit, Bd. 2 / hrsg. von Hans Freudenberg. Erarb. von Almut Dinter-Brosch ... 2001
   (Materialien für die Grundschule)
   ISBN 3-525-61390-3

Satz: Text & Form, Pohle
Druck und Bindearbeiten: Hubert & Co., Göttingen

Inhalt

Abkürzungsverzeichnis

a.a.O.	am angegebenen Ort
AT	Altes Testament
Bd.	Band
bes.	besonders
ca.	circa
cm	Zentimeter
Dtn	Deuteronomium (5. Buch Mose)
EG	Evangelisches Gesangbuch
EG-NB	Ausgabe Niedersachsen-Bremen
EG-BT	Ausgabe Bayern-Thüringen
EL	Esslöffel
ev.	evangelisch
Ex	Exodus (2. Buch Mose)
f/ff	folgende(r) Vers(e)/Seite(n)
f.	farbig
FA	Freiarbeit
FM	Farbmaterial
g	Gramm
Gen	Genesis (1. Buch Mose)
H.	Heft
Hg.	Herausgeber
Hebr	Hebräerbrief
Hi	Hiob
i.A.	in Auswahl
Jer	Jeremia
Jes	Jesaja
Joh	Johannes
L.	Lehrer/Lehrerin(nen)
Lev	Leviticus (3. Buch Mose)
Lk	Lukas
LP	Lehrplan
m	Meter
M	Material
MC	Musikkassette
Mi	Micha
Mk	Markus
Mt	Matthäus
NRW	Nordrhein-Westfalen
NT	Neues Testament
Num	Numeri (4. Buch Mose)
Offb	Offenbarung des Johannes
o.J.	ohne Jahr(esangabe)
par(r).	Parallelstelle(n)
Ps	Psalm
Ri	Richter
RL	„Religion und Lebenskunde" (Zeitschrift)
RU	Religionsunterricht
RU praktisch	Hans Freudenberg, Hg., Religionsunterricht praktisch, Bd. 1 - 4, Vandenhoeck & Ruprecht, Göttingen 1998[6]ff
s.	siehe
S.	Seite
SL	Schwerter Liederbuch
s.o.	siehe oben
Str.	Strophe
s.u.	siehe unten
sw.	schwarz-weiß
TP	Tageslichtprojektor
TL	Teelöffel
TV	Fernseher
vgl.	vergleiche
v.Chr.	vor Christus
z.B.	zum Beispiel

Einführung

In Ergänzung zu dem in Bd. 1 von „Freiarbeit mit Religionsunterricht praktisch" an dieser Stelle grundsätzlich Ausgeführtem (s. S. 5–15) seien hier nur einige wenige Aspekte angesprochen:

Unsere Anregungen zu den Themen in Bd. 1

- Ostern – Neues Leben aus dem Tod
- Die Schöpfung mit allen Sinnen erspüren
- Engel sind Hände Gottes
- Mit Jona im Fisch
- Kirche – Sehen, was hinter dicken Mauern steckt
- Bibel – Auf Entdeckungsreise durch das Buch des Lebens
- Steine, die vom Leben erzählen

sind in erstaunlicher Weise angenommen und von Lehrerinnen und Lehrern in die eigene Unterrichtspraxis umgesetzt worden.

Viele Gespräche und Zuschriften zeigen, dass wir hier auf dem richtigen Weg sind und dass Kolleginnen und Kollegen in ganz Deutschland in der *Freiarbeit* eine sinnvolle und konsequente Ergänzung zu unseren früheren Werken („Religionsunterricht praktisch", Bd. 1-4; „Schulgottesdienste mit Religionsunterricht praktisch", Bd. 1/2 und „Feste feiern mit Religionsunterricht praktisch") sehen.

Selbstverständlich können die Anregungen in „Freiarbeit mit Religionsunterricht praktisch" in Auswahl und in Ergänzung zu dem in „Religionsunterricht praktisch" vorgeschlagenen Vorgehensweisen auch im „normalen" Klassenunterricht Verwendung finden. Die Vorschläge sind dann auf die veränderte Verwendungssituation hin zu modifizieren.

Zwischenzeitlich sind wir auf die folgenden themenbezogenen Titel aufmerksam geworden, die wir ergänzend zu der Zusammenstellung in Band 1 von „Freiarbeit mit RU praktisch" (S. 13ff) nennen:

a) Grundlegende Literatur

- H. Barnitzky / R.Christiani, Hg., *Die Fundgrube für Freie Arbeit*. Das Nachschlagewerk für Einsteigerinnen und Fortgeschrittene, Cornelsen Scriptor, Berlin 1998
- I. Hegele, Hg., *Lernziel: Stationenarbeit*. Eine neue Form des offenen Unterrichts, Beltz, Weinheim/Basel 1996
- P. Huschke / M. Mangelsdorf, *Wochenplan-Unterricht*, Beltz, Weinheim/Basel 1993
- C.G. Krieger, *Mut zur Freiarbeit*, Schneider, Baltmannsweiler 1998[2]
- C.G. Krieger, *Schritt für Schritt zur Freiarbeit*, Schneider, Baltmannsweiler 2000
- Landesinstitut für Schule und Weiterbildung., Hg., *Freiarbeit in der Sekundarstufe I*, Kettler, Bönen 1998[5]
- B. Rusterholz, *Text- und Geschichtenwerkstatt*, Verlag an der Ruhr, Mülheim 1994
- J. Schnabel, *Freie Arbeit im 3. und 4. Schuljahr*, Oldenburg, München 1997

- Verein zur Förderung der Freien Arbeit in der Schule, Hg., *Freie Arbeit – Anfänge*, Verlag an der Ruhr, Mülheim o.J.
- W. Wallrabenstein, *Offene Schule – Offener Unterricht*. Ratgeber für Eltern und Lehrer, Rowohlt, Reinbek 1991
- *Wochenplan- und Freiarbeit*, Westermann, Braunschweig 1996
- G. Zimmermann, *Das ist Freiarbeit*. Perforiert, Auer, Donauwörth 1997³

b) Freiarbeit und Religionsunterricht

- K. Ardey, *Kartei zur Welt der Bibel*. 109 Stichwörter, Schulreferat an der Ruhr, Oberhausen o.J.
- H.K. Berg /U. Weber, *Symbole erleben – Symbole verstehen*, (Freiarbeit Religion - Materialien für Schule und Gemeinde). Calwer/Kösel, Stuttgart/München 2000
- M. Kehr, *Freie Arbeit im Religionsunterricht*. Materialien für die Praxis, Auer, Donauwörth 1999
- L. Kuhl, Hg., *Nicht immer im Gleichschritt*. Arbeitsmaterialien für die „Freie Arbeit", Religionspädagogisches Institut Loccum, Loccum 1994² (darin u.a. Religionskartei Advent und Weihnachten)

- Chr. Lehmann, *Freiarbeit – ein Lern-Weg für den Religionsunterricht?* Eine Untersuchung von selbständigem Lernen im Horizont kritisch-konstruktiver Didaktik, LIT, Münster 1996
- Pädagogisch-Theologisches Institut der Evangelischen Kirche im Rheinland, Hg., *Lernen an Stationen – entdeckt für den Religionsunterricht*, (Materialien und Entwürfe XXXV), Presseverband der Ev. Kirche im Rheinland, Düsseldorf 2000

Wenn Sie sich mit uns über Ihre Erfahrungen mit unseren Freiarbeitsvorschlägen austauschen wollen, so können Sie dies gerne unter folgender Adresse tun:

Evangelischer Kirchenkreis Unna
– Schulreferat –
Mozartstr. 18-20
59423 Unna
Telefon: 02303 / 288-142 / 143
Fax: 02303 / 288-157
E-Mail: un-kk-schulreferat@kk-ekvw.de

A Hände können viel ...

1. Thematisches Stichwort

a) Hände sind sehr *individuell* und persönlichkeitsbezogen:

– In Größe, Form und Struktur der Hände unterscheiden sich Menschen voneinander.
– Der Händedruck bei der Begrüßung sagt viel über mein Gegenüber aus.
– Die Kriminologie macht sich zunutze, dass keine zwei Fingerabdrücke einander gleichen.
– Gesten der Hände kennzeichnen Menschen.
– „Seine Handschrift hinterlassen" bedeutet, sich als unverwechselbares Individuum zu erweisen.

Nur Menschen haben Hände – ohne Hände sind wir nicht handlungsfähig; jemand die Hand reichen ist eine Urgebärde des Menschen.

b) Hände sind (im Vergleich zu Fuß und Ohr) *vielseitig*, aber auch im Blick auf ihr Tun *ambivalent*:

– Hände können: bauen / gestalten / malen / schreiben / Gitarre oder Flöte spielen / führen / streicheln / trösten / segnen / beten / arbeiten
– Hände können aber auch: drohen / schlagen / zerstören / abwehren / (zurück)stoßen / kratzen / verwunden / töten ...

vgl. hierzu *RU praktisch 1*, S. 104.

c) Hände sind *wertvoll*.

Die „Gliedertaxe" der Versicherungen schätzt den Wert der Hand / des Armes im Vergleich zu anderen Körperteilen so ein:

– Wert eines Armes im Schultergelenk   70 %
– eines Armes bis oberhalb des Ellenbogengelenks   65 %
– eines Armes unterhalb des Ellenbogengelenks   60 %
– einer Hand im Handgelenk   55 %
– eines Daumens   20 %
– eines Zeigefingers   10 %
– eines anderen Fingers   5 %

Für Heilberufe (Human- und Dentalmedizin, Tierärzte und Heilpraktiker) stellt sich die Situation noch einmal anders dar:
– Wert eines Armes oder einer Hand im Handgelenk   100 %
– eines Daumens oder Zeigefingers   60 %
– eines anderen Fingers   20 %

(aus: Westfälische Provinzial, Gliedertaxe bei Verlust oder Funktionsfähigkeit ..., Stand 01/99)

d) Wenn der Hand des Menschen eine so zentrale Bedeutung zukommt, ist nicht verwunderlich, dass sie auch in religiösen Zusammenhängen und in der Bibel eine herausragende Rolle spielt.

Im allgemein religiösen Bereich sind Hände wichtig, z. B. beim
– Hand auflegen = Vollmacht übertragen / weihen / legitimieren
– beten
– segnen (Taufe / Konfirmation / Trauung / Gottesdienst ...)
– bannen
– Opfer darbringen
– bekreuzigen

Mehr als 200-mal nennt das AT die Hand als Personifikation Jahwes, der sich im Tun seiner Hände als mächtig erwiesen hat:
– Sie hat Himmel und Erde geschaffen (Ps 8,7; 102,26; Jes 45,12 u.ö.).
– Sie hat sich in der *Geschichte* durch schützendes und helfendes Eingreifen als wirksam erwiesen (Ps 44,3f). Vor allem die *Exodustradition* stellt immer wieder heraus, dass Israels

Gott sein Volk „mit starker Hand und ausgestrecktem Arm" aus der Knechtschaft in die Freiheit geführt hat (Ex 13,3; 32,11 u.ö.).

- Jahwes Hand wird auch im *Leben einzelner Menschen* wirksam, beauftragt zum Dienst (Jes 63,5; Ps 73,23 u.ö.).
- Vor allem aber stellt das AT immer wieder heraus, dass der *Mensch* „das Werk seiner Hände" ist (Hi 14,15; 34,19 u.ö.).

Im *NT* spielt die *Hand Jesu*, durch die Gottes Hand wirksam wird (vgl. Lk 11,20), im Wesentlichen in fünf Kontexten eine besondere Rolle:

- Seine Hand greift Menschen bei der Hand und richtet sie auf (Mk 1,29ff; 5,21ff u.ö.).
- Er legt Kranken die Hand auf, um ihr Leiden zu heilen und neuem Leben Raum zu geben (Mk 5,23; Mt 9,18 u.ö.).
- Den sinkenden Petrus rettet er aus Kleinglauben und tödlicher Gefahr (Mk 14,22f).
- Seine Hand bricht und teilt das Brot und füllt leere Hände (Mk 6,30ff; 14,22ff).
- Am Ende wird er in die Hände der Menschen und Mächtigen ausgeliefert (Mt 26,50ff), seine Hände und Füße durchbohrt (Mk 15,20ff, vgl. Ps 22,17).

2. Literatur und Medien

Grundsätzliches
- P. Biehl u.a., *Symbole geben zu lernen. Einführung in die Symboldidaktik anhand der Symbole Hand, Haus und Weg,* (Wege des Lernens 6), Neukirchener Verlag, Neukirchen-Vluyn 1989, S. 127ff
- D. Forstner, *Die Welt der christlichen Symbole,* Tyrolia, Innsbruck/Wien 1986[5], S. 335ff
- S. Schroer / Th. Staubli, *Die Körpersymbolik der Bibel,* Wissenschaftliche Buchgesellschaft, Darmstadt 1998, S. 171ff

Praxisvorschläge
- *Dich in meine Hand gezeichnet,* (Bausteine Altenarbeit), Bergmoser + Höller, Aachen 1994
- U. Früchtel, *Mit der Bibel Symbole entdecken,* Vandenhoeck & Ruprecht, Göttingen 1991, S. 166ff
- *Kinder-Bibel-Tage „HÄNDE".* Erzählen, Singen, Malen, Basteln, Spielen, Dekanat Schwalmtal, Schwalmtal 1994
- S. v. Kortzfleisch, *Hände erzählen. Auf lebendige Zeichen hören,* Agentur des Rauhen Hauses, Hamburg 1989
- B. Leßmann, *Geborgen in guten Händen. Kinder begegnen dem Symbol „Hand",* (Materialien und Entwürfe für den Religionsunterricht in der Primarstufe, XXIII), Pädagogisch-Theologisches Institut, Akazienweg 20, 53177 Bonn-Bad Godesberg

- A. Salomon, *Bleib sein Kind. Dorothea Steigerwald und ihr Werk,* Brendow, Moers 1983
- K. Schilling, *Symbole erleben. Glauben erfahren mit Hand, Kopf und Herz,* Katholisches Bibelwerk, Stuttgart 1991
- M. Schmelzer, *Gib mir deine Hand. Unterrichtshilfe für das 2.-4. Schuljahr,* (Religionspädagogische Arbeitshilfe Nr. 31), Katechetisches Institut des Bistums Aachen, Aachen 1986
- *Vom Segen der Hände,* in: Der Kindergottesdienst 1/86. Lass mich hören. Arbeitshilfen für Mitarbeiter im Kindergottesdienst, Bechauf, Bielefeld, S. 27–61
- A. Weidle, *Was Hände können – ohne Hände handeln,* in: E. Dietrich / A.Weidle, Hg., Wie viele Farben hat das Jahr? Das Kirchenjahr feiern, Bd. 3, Stuttgart 1988, S. 45f
- Werkstatt Freiarbeit: Hände, in: ru 2/1996, S. 63ff

Dias
- *Hände,* 12 Dias f., steyl tonbild, Steyl Film und Ton, München
- *Menschenhände – Gottes Hände.* Meditatie Bilder und Texte zur Losung des 23. Deutschen Evangelischen Kirchentages Berlin 1989, 24 Dias, f. u. sw., 12 Textkarten, Ev. Forum Berlin

3. Bezüge zu Religionsunterricht praktisch

– Band 1: S. 22ff: Wie Jesus die Menschen sieht
           a) Kindersegnung
           c) Bartimäus
           S. 104: Abraham e) Gott segnet Abraham – Er spürt Gottes Hand
           S. 149: Schöpfung: M 6/7 „Gott hält das Leben in der Hand"
– Band 2: S. 164ff: Menschen gehen neue Wege: A. Schweitzer – H. Keller – Mutter Teresa
– Band 3: S. 135ff: Beten: Herr, tue meine Lippen auf! (Vaterunser)
           S. 165ff: Miteinander leben: Türen öffnen ... (bes S. 171.184f)
– Band 4: S. 11ff: Schöpfung als Geschenk und Aufgabe: In Gottes Händen ist das Leben geborgen
           S. 108ff: Brot des Lebens: Durch Teilen und Vertrauen wird ein jeder satt
           S. 182ff: Muslime: Was andere glauben – Wie andere leben (bes. S. 196)

4. Erläuterungen zu den Freiarbeits-Vorschlägen

Zu 5.1 a) Handtheater

Zu erratende Tätigkeiten können z.B. sein

– bauen
– schreiben
– kneten
– schlagen
– streicheln

Zu 5.1 c) Fühlsäckchen / Fühlkiste

Inhalte der Stoffsäckchen können sein, z.B. Sand, Federn, Nägel, Kronkorken, Bimsstein etc.

Zu 5.1 d) Handkartei

Die Bilder **M 1** müssen vor Benutzung zerschnitten, ggf. aufgeklebt und in einen Umschlag gesteckt werden. Die Kinder können ggf. selbst über vom/n L. zu erstellende Lösungskarten ihre Ergebnisse kontrollieren. Eine Variante könnte sein, den Bildmotiven Bibelstellen zuzuordnen.

Zu 5.2 b) Meine Hände sind einmalig

Handdruck mit Wasserfarben

Zu 5.2 d) Meine Hände können „sehen"

Je nach Zeit und Motivation können hier auch das Blindenalphabet (vgl. Religionsunterricht praktisch 1, ältere Auflagen, S. 42) bzw. Tastal-phabet (vgl. Religionsunterricht praktisch 2, S. 194) wiederholend herangezogen werden.

Zu 5.3 Sprichwörter – Redensarten

Sprichwörter / Redensarten	Redewendung
– Seine Hände in Unschuld waschen. (vgl. Mt 27,24f)	– So tun, als wenn man nichts gemacht hätte.
– Jemandem auf die Finger sehen.	– Jemanden kontrollieren.
– Etwas hat Hand und Fuß.	– Eine Sache ist gut durchdacht.
– In guten Händen sein.	– Gut behütet sein.
– Hand an jemand legen.	– Jemanden angreifen.
– Eine Hand wäscht die andere.	– Sich gegenseitig helfen.
– Die Hand über jemanden halten.	– Jemanden in Schutz nehmen.
– Sich in jemandes Hände geben.	– Sich jemandem ganz anvertrauen.
– Jemanden auf Händen tragen. Die Fäden in der Hand halten.	– Den anderen besonders verwöhnen. Wenn ich z.B. ein Fest organisiere, weiß ich über alles Bescheid, was geschehen soll, bereite aber nicht alles selber vor.
– Sich mit Händen und Füßen verteidigen.	– Sich mit vollem Einsatz und allen Mitteln verteidigen.
– Die Hand für jemanden ins Feuer legen.	– Jemandem vollständig vertrauen.
– Von der Hand in den Mund leben.	– Nur das haben, was man gerade braucht (keine Ersparnisse, keine Vorräte haben).
– Sich mit Händen und Füßen wehren.	– Sich mit vollem Einsatz und allen Mitteln wehren.

Zu 5.4 Das ABC meiner Hände

Beispiel:

A arbeiten, angeln, aufrichten
B basteln, berühren, bauen, boxen, beten
C Computer bedienen, Cello spielen
D drücken, demütigen, drohen, draufhauen, dienen, danken
E empfangen, ergeben, essen
F fühlen, fassen, fordern, fangen
G geben, graben
H helfen, heilen, hauen, horchen, häkeln
I impfen
J jucken, jagen, jonglieren
K kratzen, kosen, kitzeln, kneifen, kneten, klatschen

L locken, lesen (Blinde), lenken
M malen, mauern
N nähen, nachspüren
O ordnen
P putzen, packen
Q quietschen
R raufen, rechnen, reiben
S streicheln, schreiben, segnen, salben, spielen, stricken, sägen
T töten, tasten, trösten, töpfern
U umfassen, umwerfen, umbringen, umfahren
V vermischen, verhauen, verschreiben
W wehtuen, wecken, wahrnehmen, waschen, wärmen
X Xylophon spielen
Y Yak streicheln
Z zerstören, zeigen

Zu 5.5 Hände in biblischen Geschichten (1)

Beispiele:

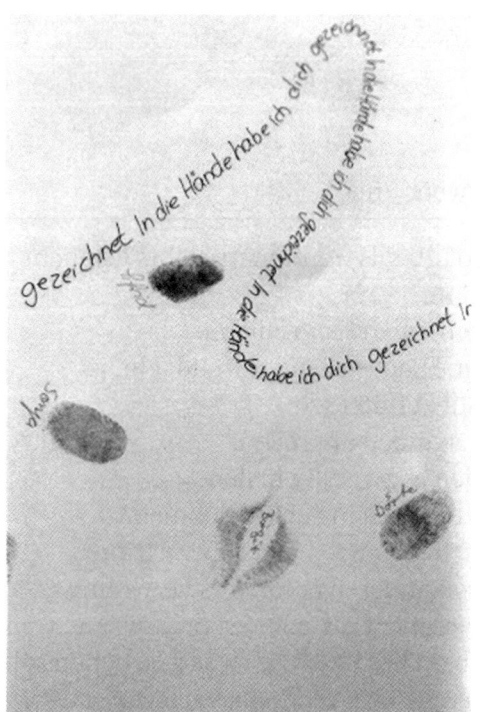 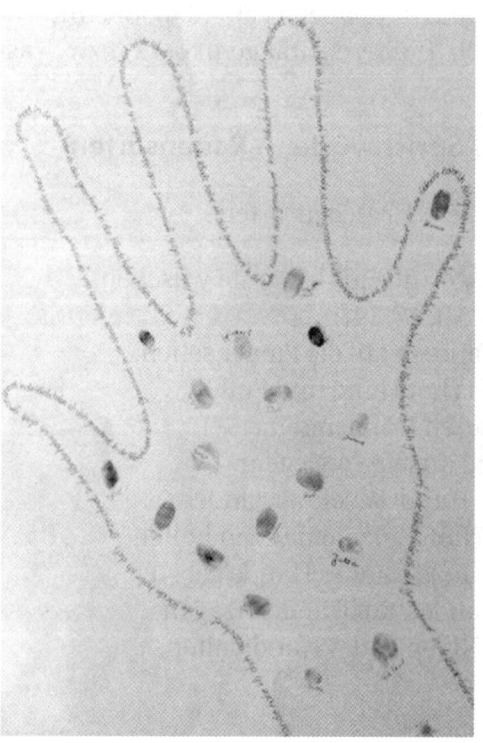

Als Abschluss kann ggf. in Auszügen der nachfolgende meditative Text Verwendung finden:

Hände
sind wie Schalen, die empfangen.
Hände
sind wie ein Haus, das Geborgenheit gibt.
Hände
sind wie ein Schiff, das Lasten trägt.
Hände
sind wie ein Mantel, der wärmt.
Hände
sind wie Balsam, wenn sie heilen.
Hände
sind wie Bäume, wenn sie Schatten geben.
Hände
sind wie Anker, die retten.
Hände
sind wie Brot, wenn sie Gutes tun.
Hände
sind wie Burgen, die beschützen.
Hände
sind wie eine Schatztruhe, die Kostbarkeiten
bewahrt.

Hände
sind wie Sterne, die Wege weisen.
Hände
sind wie Brücken, wenn sie zur Versöhnung
gereicht werden.
Hände
sind wie Rosen, wenn sie schenken.
Hände
sind wie eine Quelle, wenn sie segnen.
Hände
sind wie ein Fels, wenn sie sich zum Schwur
erheben.
Hände
sind wie ein Blitz, wenn sie falsch schwören.
Hände
sind wie eine Keule, wenn sie schlagen.
Hände
sind wie Donner, wenn sie drohen.

Marie Hildberta Schneider

Zu 5.6 Bildkartei (2)

Das Bild ist ein Detail aus der Mitteltafel von Max Slevogts Triptychon „Der verlorene Sohn", 1898/99.

Zu der in der Bildkartei gezeigten Szene:

Die beiden Hände sind sich so nahe und doch trennen sie Welten. Eine dunkle und eine helle Welt, getrennt durch einen goldenen Streifen. Auf der einen Seite eine nackte Hand, die zupackt, festhält, ergreift, bewegt. Auf der anderen Seite eine Hand, die beschützt ist vom goldenen Gewand, unterfangen vom weißen Hemd. In dieser isolierten Stellung ist sie eine segnende Hand. So könnte sie über dem Haupt des Sohnes erhoben gewesen sein, um ihm den Segen mitzugeben auf seinen Weg ins Leben. Der Sohn öffnete damals die Tür, ging und schloss die Tür hinter sich. Nun stößt er die Tür wieder auf, und noch immer schwebt die Hand im Raum, in der Luft wie über seinem Kopf. Der Segen des Vaters hat den Sohn auf seinem Weg in das „ferne Land" begleitet. Er musste durch die Dunkelheit gehen und erst das Licht in sich wiederfinden. Unter dem Segen des Vaters konnte er heimkehren. Dennoch – es ist nicht geklärt, wie dieses Nehmen und Geben ausgehen wird. Im Zentrum bleibt zwar die goldene Brücke als Verbindung zwischen der Dunkelheit und Verlassenheit und der Helle und Fülle des Lebens. Es bleibt der Glaube an die Liebe. Ob die Liebe *wirklich* ist, bleibt die Frage.

5. Freiarbeitsvorschläge

5.1 Die Sprache der Hände   a) Handtheater

Ihr benötigt: – Karteikarten
               – Stifte
               – Plakatkarton

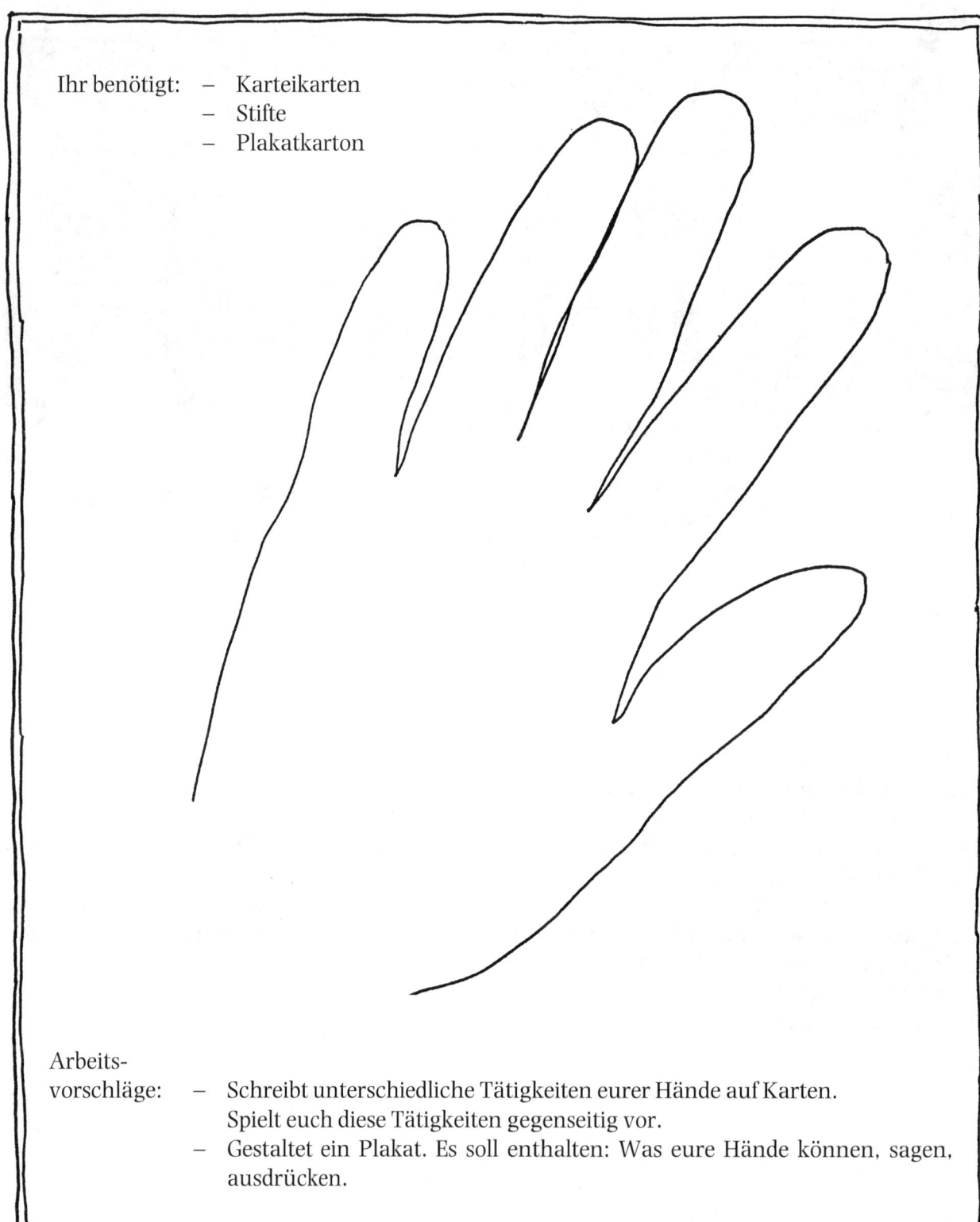

Arbeits-
vorschläge: – Schreibt unterschiedliche Tätigkeiten eurer Hände auf Karten.
                Spielt euch diese Tätigkeiten gegenseitig vor.
              – Gestaltet ein Plakat. Es soll enthalten: Was eure Hände können, sagen,
                ausdrücken.

5.1 Die Sprache der Hände   b) Hände erzählen viel über Menschen

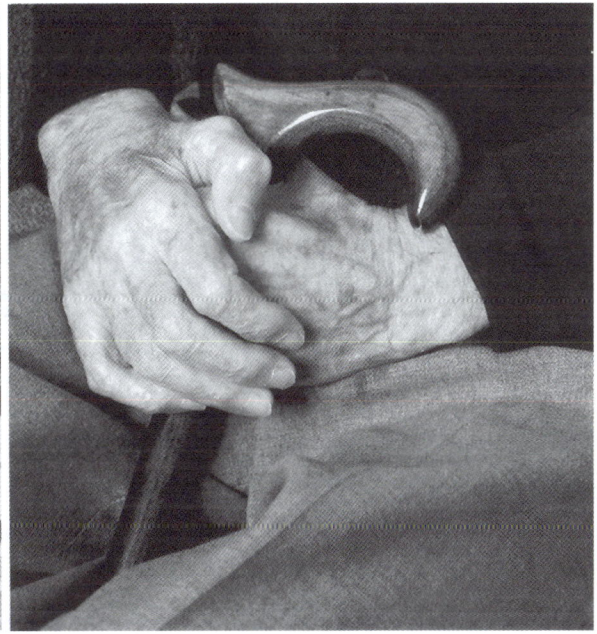

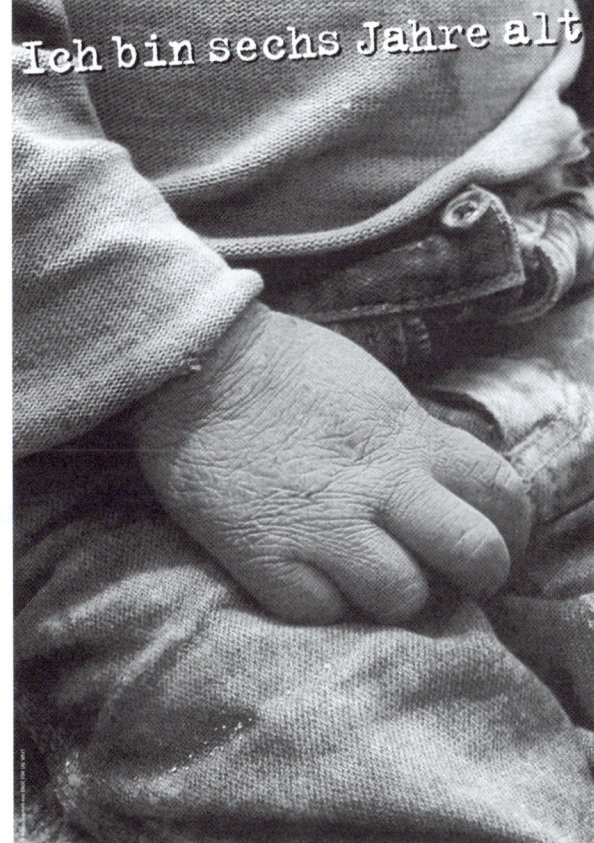

Arbeits-
vorschläge: – Was erzählen die Hände
                  von diesen Menschen?
               – Versucht die „Handsitua-
                 tion" mit eurem Partner
                 darzustellen.

5.1 Die Sprache der Hände   c) Fühlsäckchen / Fühlkiste

Ihr benötigt: –   1 Karton bzw. Säckchen
                –   Gegenstände zur Füllung des Fühlsäckchens bzw. der Fühlkiste

Arbeits-
vorschläge: Stellt Fühlkisten / Fühlsäckchen für andere Kinder zusammen.
            Berücksichtigt, wie unterschiedlich sich verschiedene Materialien anfühlen.

5.1 Die Sprache der Hände   d) Handkartei

Ihr benötigt: Karteibilder im Umschlag (**M 1**)

Arbeits-
vorschläge: –   Schaut euch die Karteibilder genau an.
                   Versucht sie mit eurem Partner darzustellen.
              –   Was sagen diese Hände?
              –   Sucht passende Situationen.
              –   Versucht die Karten zu ordnen.

5.2 Meine Hände und ich   a) Erlebnisse mit meinen eigenen Händen

Ihr benötigt: –   Papier
                –   Alltagsgegenstände

Arbeits-
vorschläge: –   Was haben eure Hände heute Morgen schon alles getan? Schreibt auf!

5.2 Meine Hände und ich   b) Meine Hände sind einmalig

Ihr benötigt: – 1 Fensterscheibe/Blatt Papier
                 – Fingerfarben/Wasserfarben (leicht verdünnt)
                 – Papierhandtücher
                 – Waschmöglichkeit

Arbeits-
vorschläge: – Streicht eure Hand vorsichtig mit Fingerfarben/Wasserfarben ein (nicht
                  zu dick).
                 – Drückt die Hand auf die Fensterscheibe/Blatt Papier. Seht euch euren
                  Abdruck genau an und vergleicht ihn mit denen der anderen Kinder!

5.2 Meine Hände und ich   c) Meine Hände können zaubern

Ihr benötigt: – Tageslichtprojektor
                 – Leinwand bzw. Projektionsfläche
                 – die folgenden Schattenspiel-Vorschläge

Arbeits-
vorschlag: – Wählt eines der Beispiele aus und versucht, das Tier mit euren Händen
                  nachzumachen. Vielleicht habt ihr eigene Ideen für ein Tier.

5.2 Meine Hände und ich   d) Meine Hände können „sehen"

Ihr benötigt: – Alltagsgegenstände
                – Augenbinde

Arbeits-
vorschläge: – Wählt einen Partner.
             – Verbindet einem von euch die Augen.
             – Der andere macht Geräusche (nur mit Händen oder mit Material).
             – Nehmt die Augenbinde ab.
             – Könnt ihr das Geräusch nachmachen?

5.3 Sprichwörter – Redensarten

Jemandem auf die Finger sehen.

Sich mit Händen und Füßen verteidigen.

Etwas hat Hand und Fuß.

Seine Hände für jemanden ins Feuer legen.

In guten Händen sein.

Die Hände in Unschuld waschen.

Hand an jemand legen.

Von der Hand in den Mund leben.

Eine Hand wäscht die andere.

Sich mit Händen und Füßen wehren.

Die Hand über jemanden halten.

Das Geld mit vollen Händen ausgeben.

Sich in jemandes Hände geben.

Die Hand für jemanden ins Feuer legen.

Etwas aus der Hand legen.

Alle Fäden in der Hand halten.

Jemanden auf Händen tragen.

Arbeits-
vorschläge: – Übertragt die Sprichwörter und Redensarten auf Kärtchen.
 – Schreibt Deutungen auf die Rückseite.
 – Entwickelt ein Memory zu einer Auswahl von Sprichwörtern /
   Redensarten (Karte a: Sprichwort / Redensart, Karte b: Bild ...)
 – Montagsmaler: Stellt auf dem Tageslichtprojektor mit gemalten
   Bildern Sprichwörter / Redensarten dar – die anderen Kinder müssen
   das dargestellte Sprichwort erraten.
 – Sucht ein Sprichwort / eine Redensart aus und schreibt dazu eine kleine
   Geschichte.

5.4 Das ABC meiner Hände

Ihr benötigt: – Karteikarten
                – ABC (**M 2**)
                – „Gute Hand" und „böse Hand" (**M 3**)
                – Biblische Handgeschichten (**M 4**)

Arbeits-
vorschläge: – Sammelt zu jedem Buchstaben des ABC's (**M 2**) Wörter.
              – Schreibt die Wörter auf (**M 2**) oder schreibt die Wörter zu jedem Buch-
                staben auf eine Karteikarte.
              – Ordnet die Wörter danach, was ihr Gutes oder Schlechtes damit tun
                könnt.
              – Schreibt die Wörter in eine „gute" und eine „böse" Hand (**M 3**).
              – Zeichnet eure Hand auf und schreibt auf die Umrisse, was ihr mit der
                Hand tun könnt (zu jedem Buchstaben).
              – Ordnet eure Begriffe einer biblischen Geschichte zu (**M 4**).
              – Schreibt zu jedem Buchstaben im ABC, was ihr mit euren Händen Gutes
                tun möchtet.

              Möglichkeit der Weiterarbeit:
              – Gegensätze herausfinden
              – Begriffe pantomimisch darstellen
              – Sucht Begriffe zu einem Wortfeld, z.B. „Kirche", „schlagen", „gestalten"
              – Verklanglicht einige Begriffe mit bereitgestelltem Material.

5.5 Hände in biblischen Geschichten (1)

Gott spricht:

„Sieh her, in meine Hände habe ich dich gezeichnet" (Jesaja 49,16).

Arbeits-
vorschläge: –   Gestaltet ein Hand-Schriftbild zu der Bibelstelle aus dem Buch Jesaja.
              –   Beteiligt eure Mitschüler an eurem Bild, indem ihr sie in das Bild mit ihren
                  Merkmalen einbezieht (z.B. Fingerabdrücke / Unterschrift / Geheimzei-
                  chen / Lieblingstier / Sternzeichen / gezeichnetes Selbstporträt etc.).
              –   Welche Person soll außerdem in die Hand eingezeichnet werden?

5.5 Hände in biblischen Geschichten (2)

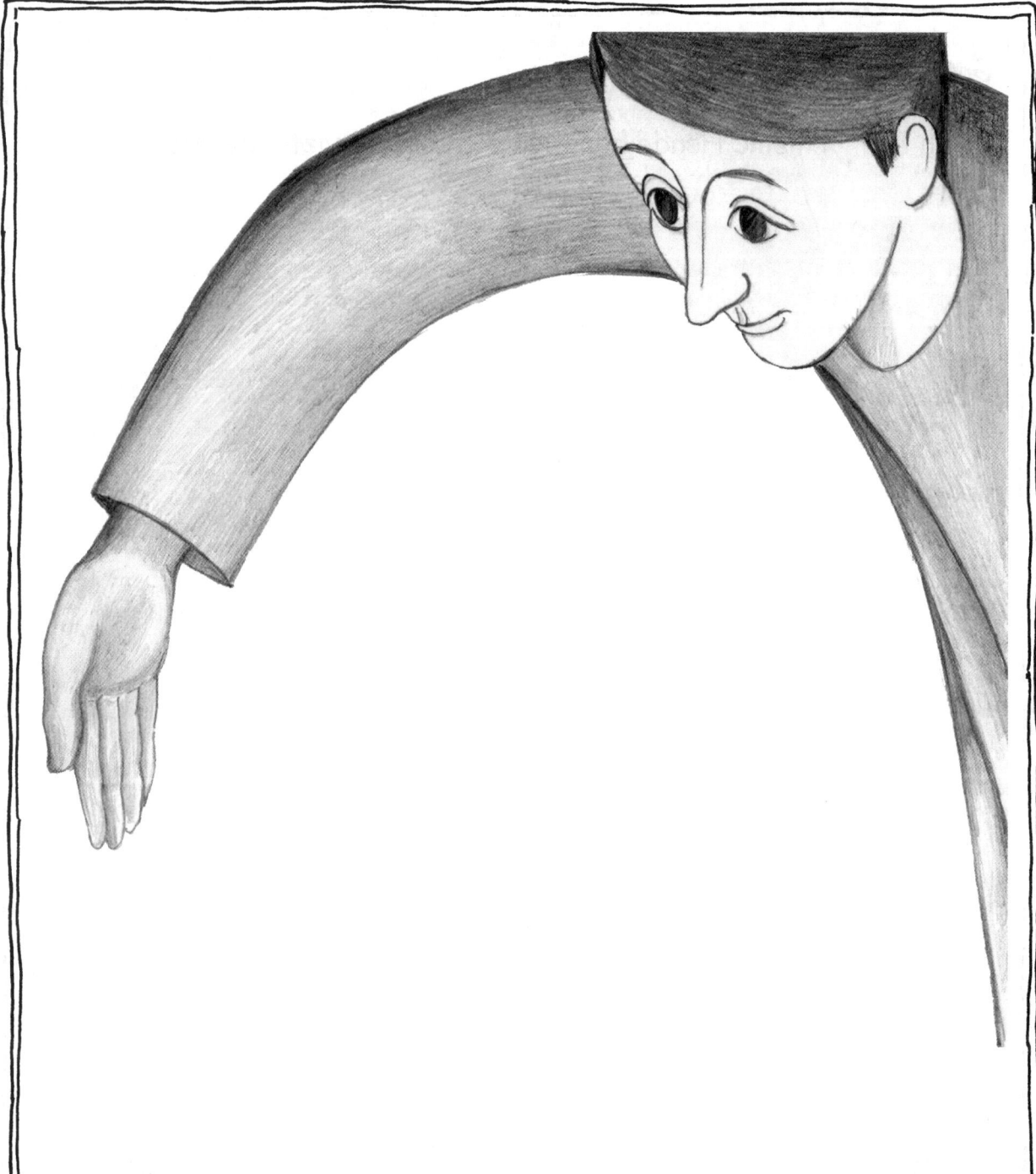

Arbeits-
vorschläge: –   Welche biblische Geschichte passt zu dem Bild?
               –   Vervollständigt das Bild! (Was oder wer hat in dem Arm der abgebildeten
                   Person Platz?)
               –   Fällt euch ein geeignetes Lied ein? Schreibt es zu dem Bild.

5.5 Hände in biblischen Geschichten (3)

Arbeits-
vorschläge: – Schaut euch das Bild ganz genau an! (das Ganze und die Einzelheiten)
              – Kreist mit Farbstift die Hände ein!
              – Was tun sie? Was erzählen sie?
              – Wählt eine besonders interessante Hand / Hände aus.
              – Haltet eure Hand / eure Hände genauso! Was beobachtet ihr?
              – In welchen Jesusgeschichten spielen Hände noch eine besondere Rolle?

5.6 Bildkartei (1)

Ihr benötigt: – Bildkartei (**FM 1**)
– (evtl.) Wortkarten
– Musikinstrumente
– Farben, Pinsel
– Schere, Papier
– Klebstoff
– Spiele

Arbeits-
vorschläge: – Seht euch die Bilder (**FM 1**) an und schreibt die Tätigkeiten der Hände auf eine Karte.
– Ordnet die Tätigkeit dem Bild (Foto, Dia ...) zu.
– Sucht euch ein Bild und einen Partner aus.
– Macht die Tätigkeiten nach.
– Schreibt dazu eine Geschichte: „Meine Hand erzählt ..."
– Legt eure Geschichte zur Geschichtensammlung.
– Ordnet die Geschichten den Bildern, Fotos etc. zu.

5.6 Bildkartei (2)

Ihr benötigt: – Bildausschnitt (**FM 2**) als Kern der Bilderweiterung
               – Papier
               – Farben

Arbeits-
vorschläge: – Beschreibt das Bild / die Situation.
               – Was machen die Hände?
               – Beachtet die Farben des Hintergrundes.
               – Welche biblische Geschichte fällt euch zu dem Bild ein?
               – Lest in der Bibel nach: Lukas 15,11-32.
               – Welche Hand passt zu wem?
               – Malt um den Bildausschnitt ein neues Bild.

5.6 Bildkartei (3)

Ihr benötigt außer
dem Bild: – Ton
             – Knetmasse
             – Psalm 139,1-6

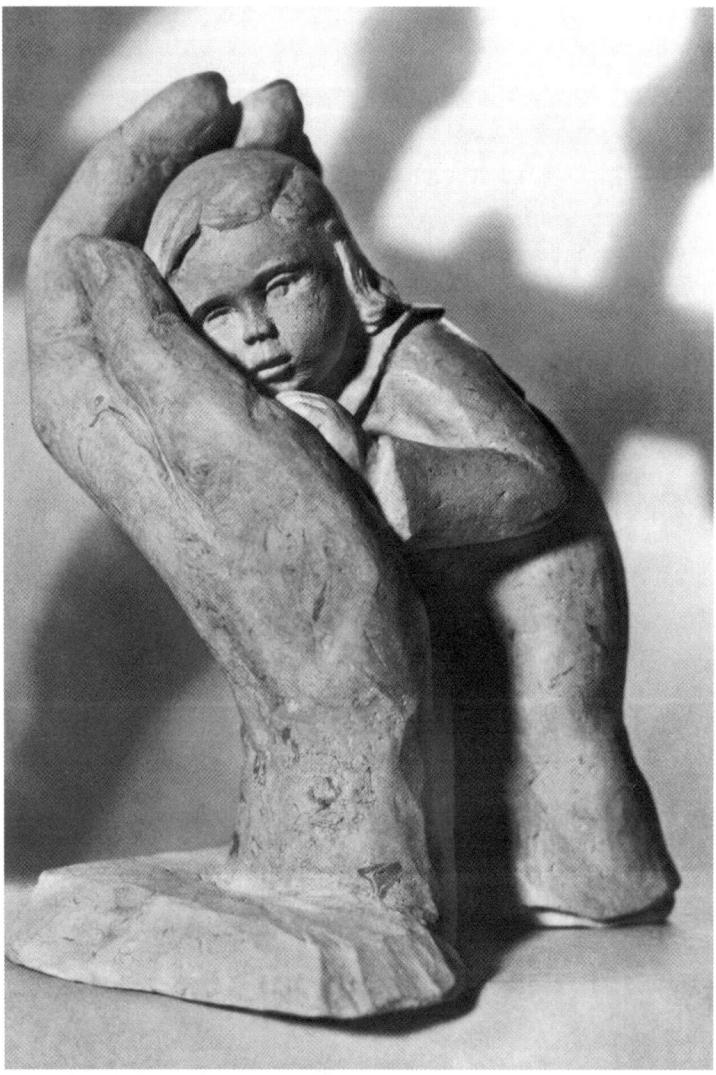

Arbeits-
vorschläge: – Betrachtet das Bild und haltet eure Hand so wie auf dem Bild.
              – Lasst die Hand auf dem Bild erzählen (Ich-Form).
              – Schreibt eure Gefühle und Gedanken auf, wenn ihr das Bild seht.
              – Schreibt die Gedanken und Gefühle des Kindes in der Hand auf.
              – Formt die Hand mit dem Kind nach.
              – Gestaltet ein Bild zu Psalm 139.

5.7 Schreiben / Gestalten

Herr, mache mich zum Werkzeug deines Friedens:

dass ich Liebe übe,	wo man sich hasst;
dass ich verzeihe,	wo man sich beleidigt;
dass ich verbinde,	wo Streit ist;
dass ich die Wahrheit sage,	wo der Irrtum herrscht;
dass ich den Glauben bringe,	wo der Zweifel drückt;
dass ich die Hoffnung wecke,	wo Verzweiflung quält;
dass ich ein Licht anzünde,	wo die Finsternis herrscht;
dass ich Freude bringe,	wo der Kummer wohnt.

Herr, lass du mich trachten:

nicht, dass ich getröstet werde,	sondern dass ich andere tröste;
nicht, dass ich verstanden werden,	sondern dass ich andere verstehe;
nicht, dass ich geliebt werde,	sondern dass ich andere liebe.

Ihr benötigt : – Ton
– Tonkarton

Arbeits-
vorschläge: *Ganzer Text*
– Lest das Gebet.
– Überlegt euch Tätigkeiten der Hand als Werkzeug des Friedens und schreibt sie auf.
– Sucht euch eine Tätigkeit der Hand als Werkzeug des Friedens und formt dazu die Hand bzw. eine Skulptur aus Ton.

oder Text-Ausschnitte:
– Zeichnet eine Hand auf Tonpapier und schneidet sie aus.
– Lest euch den Anfang des Gebetes durch und schreibt ihn auf die Hand.
– Schreibt euer Gebet mit eigenen Worten weiter.

oder:
– Rollt eine etwa 2 cm dicke Scheibe aus Ton aus.
– Legt eure Hand darauf, ritzt die Umrisse eurer Hand ein und schneidet sie aus.
– Lest euch das Gebet durch und ritzt es mit einem Zahnstocher in den Ton.
– Formt aus eurer Hand eine Skulptur zu eurem Gebet.

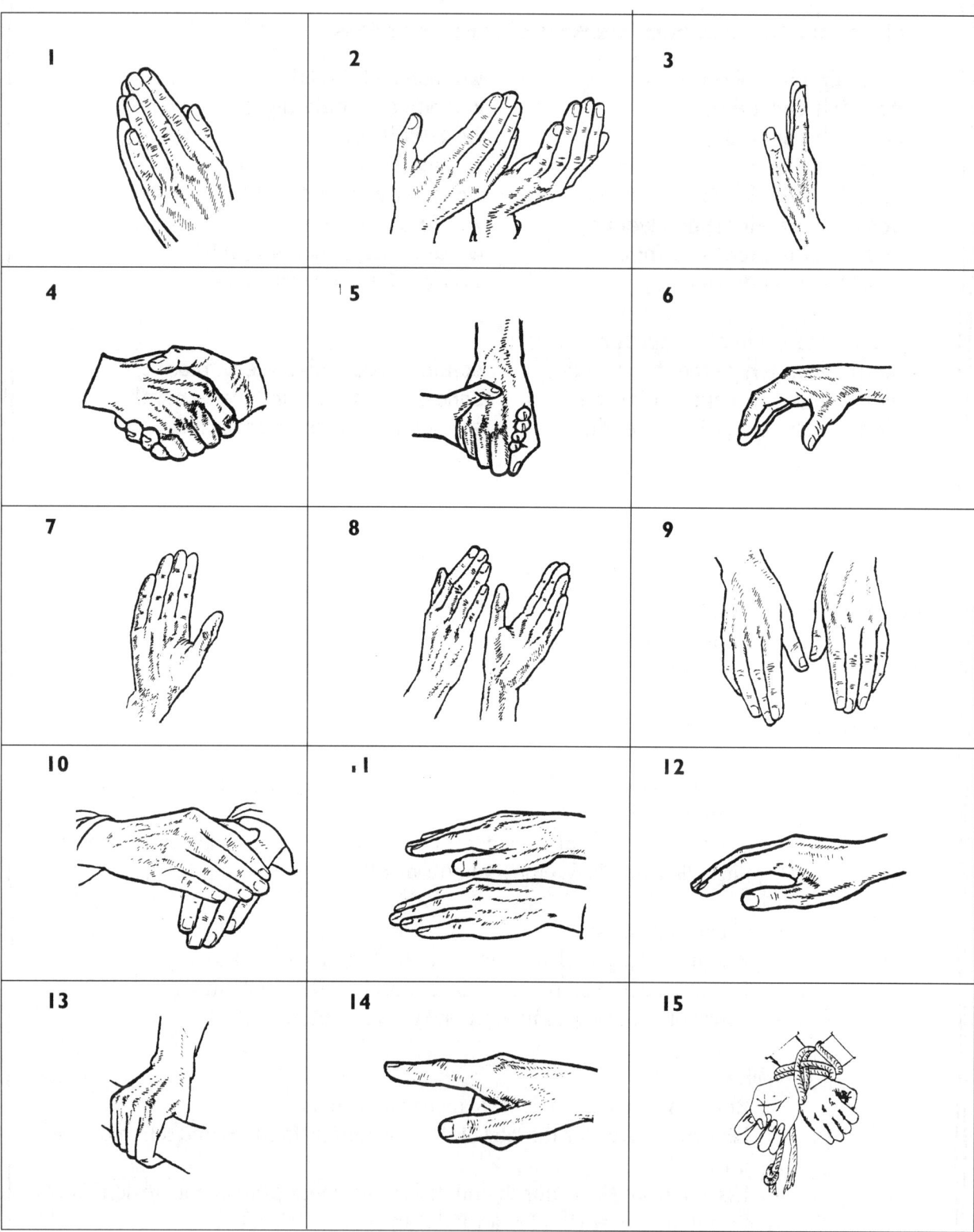

Das ABC meiner Hände –
was ich alles mit meinen Händen tun kann

A _____   N _____

B _____   O _____

C _____   P _____

D _____   Q _____

E _____   R _____

F _____   S _____

G _____   T _____

H _____   U _____

I _____   V _____

J _____   W _____

K _____   X _____

L _____   Y _____

M _____   Z _____

M 3

„Gute Hand" – „böse Hand"

M 4

Hand (wörtlich)

– Wenn Mose seine Hand emporhielt, siegte Israel. (Ex 17,11)

– Jesus heilte am Sabbat einen Menschen mit einer verdorrten Hand. (Mt 12,9)

– Wenn ich nicht in seinen Händen die Nägelmale sehe. (Joh 20,25)

– Pilatus ... wusch die Hände vor dem Volk ... (Mt 27,24)

– Jesus streckte die Hände aus, rührte ihn (den Aussätzigen) an und sprach ... (Mt 8,3)

– Legte er ihnen (den Kindern) die Hände auf und segnete sie. (Mk 10,16)

Hand Gottes

– (Mose zu Israel:) Mit starker Hand hat euch der Herr von dort (Ägypten) herausgeführt. (Ex 13,3)

– Ich habe euch errettet aus der Hand der Ägypter. (Ri 6,9)

– Die Feste verkündigt seiner Hände Werk. (Ps 19,2)

– Meine Zeit steht in deinen Händen. (Ps 31,16)

– Die Himmel sind deiner Hände Werk. (Ps 102,26)

– Behüte mich, Herr, vor den Händen der Gottlosen. (Ps 140,5)

– Du tust deine Hand auf und sättigst alles ... (Ps 145,16)

– In die Hände habe ich dich gezeichnet. (Jes 49,16)

– In die Hände des lebendigen Gottes fallen. (Hebr 10,31)

– Da führte uns der Herr mit starker Hand heraus ... (Dtn 6,21)

B Weihnachten – Gott wird ein Kind

1. Thematisches Stichwort

Weihnachten, das Fest der Menschwerdung Gottes, ist kein isoliertes, unverhofftes Ereignis, sondern steht im Wurzelgeflecht vielfältiger Verheißungen und Erwartungen:

Es wird ein Reis hervorgehen aus dem Stamm Isais und ein Zweig aus seiner Wurzel Frucht bringen ... (Jes 11,1).

Es wird nicht dunkel bleiben über denen, die in Angst sind ... Das Volk, das im Finstern wandert, sieht ein großes Licht (Jes 8,23.9,1).

Mach dich auf, werde licht; denn dein Licht kommt (Jes 9,5).

Uns ist ein Kind geboren ... und er heißt Wunder-Rat, Gott-Held, Ewig-Vater, Friede-Fürst (Jes 9,5).

Du, Tochter Zion, freue dich sehr ... Siehe, dein König kommt zu dir, ein Gerechter und ein Helfer ... (Sach 9,9f).

Machet die Tore weit und die Türen in der Welt hoch, dass der König der Ehren einziehe ... (Ps 24,7).

Siehe, eine Jungfrau ist schwanger und wird einen Sohn gebären, den wird sie nennen Immanuel (Jes 7,14).

Siehe, das ist mein Knecht ... er wird das Recht unter die Heiden bringen ... Das geknickte Rohr wird er nicht zerbrechen und den glimmenden Docht wird er nicht auslöschen (Jes 42,1–3).

Siehe, es kommt eine Zeit ... dass ich dem David einen gerechten Spross erwecken will. Der soll ein König sein, der wohl regieren ... wird (Jer 23,5).

Es wird ein Stern aus Jakob aufgehen (Num 24,17).

Und du, Bethlehem Efrata, ... aus dir soll mir kommen, der in Israel Herr sei (Mi 5,1).

Sehnsüchtig wird der Messias in Israel erwartet. Und doch korrigiert die Einlösung der Erwartungen alle Erwartungsinhalte:

– Der Messias tritt nicht mit eigener Macht der römischen Macht entgegen, sondern weist sich gerade durch Machtverzicht aus. Dem Herrschaftsfrieden der „pax romana" mit ihren Attributen Kaiser – König – Statthalter, Volkszählung, Steuern, Zöllner, Kindermord, Statthalterschaft des Quirinius, stellt er die „pax Christi" mit ihren Shalomsymbolen (Stall, Futtertrog, Windeln, Hirten) gegenüber. – Der Herr aller Dinge: ein Kind, Weggenosse der sozial Schwachen und Benachteiligten.

– Der Messias stellt nicht im Sinne der nationalen Erwartungen das davidische Königtum wieder her, sondern begründet seine Davidsohnschaft eschatologisch: „Er stößt die Gewaltigen vom Thron und erhebt die Niedrigen. Die Hungrigen füllt er mit Gütern und lässt die Reichen leer ausgehen" (Lk 1,52f). Notable kommen zum Stall. Ihre Anbetung huldigt den veränderten Machtverhältnissen.

Die messianischen Attribute haben Zeichencharakter, Zeichen, die leicht übersehen und missdeutet werden können:

Die *Erwartung* des Gotteskindes geschieht im Zeichen der Tür, seine *Geburt* vollzieht sich im Zeichen des „Sterns" und des „Lichts".

1. Das Zeichen der „Tür"

Konnotationen zu „Tür" als dem Bild der Erwartung sind:
- anklopfen / läuten
- offen / öffnen:
  - ... willkommen sein / eintreten dürfen
  - ... Übergang / Veränderung / Geheimnis
- verschlossen / verschließen:
  - ... abweisen
  - ... vergeblich
  - ... ausgeschlossen sein

Im Sinne von „erwarten", „einlassen", „aufnehmen" begegnet „Tür" auch in biblischen und liturgischen Kontexten:

Ps 24,7–10	Machet die Tore weit und die Türen in der Welt hoch, dass der König der Ehre einziehe! Wer ist der König der Ehre? Es ist der Herr, stark und mächtig, der Herr, mächtig im Streit. Machet die Tore weit und die Türen in der Welt hoch, dass der König der Ehre einziehe! Wer ist der König der Ehre? Es ist der Herr Zebaoth; er ist der König der Ehre.
Joh 10,7ff	„Ich bin die Tür. Wer durch mich eintritt, wird gerettet werden."
Offb 3,20	„Siehe, ich stehe vor der Tür und klopfe an. Wenn jemand meine Stimme hören wird und die Tür auftun, zu dem werde ich hineingehen ..."

Vgl. ferner:

Lk 2	Herbergssuche (verschlossene Türen)
Lk 5,27ff	Zöllner-Gastmahl (offene Türen)
Lk 13,23ff	Von der engen und der verschlossenen Pforte (Vgl. Mt 25,10ff – Parabel von den zehn Jungfrauen)
Lk 15,20ff	Heimkehr des verlorenen Sohnes
Mk 16,3 parr.	Das Grab Jesu. Wer wälzt uns den Stein von des Grabes Tür?
Mt 7,7f	Klopfet an, so wird euch aufgetan
Offb 21,12f	Die zwölf Tore des himmlischen Jerusalems
EG 1	„Macht hoch die Tür"

2. Das Zeichen des „Sterns"

„Stern" steht in Verbindung zur Nacht und hat zu tun mit:
- Himmelskörper
- glänzen / scheinen / hell / staunen
- Indikator einer herausragenden Geburt
- Künder einer neuen Zeit / Zeichen der Sehnsucht
- Christus als „Morgenstern"

In biblischen und liturgischen Zusammenhängen finden sich folgende thematische Belege:

Num 24,17	Es wird ein Stern aus Jakob aufgehen
Mt 2,2	Wir haben seinen Stern gesehen im Morgenland und sind gekommen, ihn anzubeten
Mt 2,9	Der Stern ging vor ihnen her, bis ...
Mt 2,10	Als sie den Stern sahen, wurden sie hoch erfreut
Offb 22,16	Ich bin die Wurzel und das Geschlecht Davids, der helle Morgenstern
EG 7, 5	O klare Sonn, du schöner Stern
EG 16, 1	(... der Morgenstern bescheinet auch deine Angst und Pein)
EG 67,1	... er ist der Morgensterne
EG 69	Der Morgenstern ist aufgegangen
EG 70,1	Wie schön leuchtet der Morgenstern
EG 73,1	... der Wunderstern gibt dir Bericht
EG 73,2	... richte deine Sinne aus auf diesen Morgenstern
EG 74,1	Du Morgenstern, du Licht vom Licht
EG-NB 544	Stern über Bethlehem
EG-BT 545	

3. Das Zeichen des „Lichts"

„Licht" als Gegenbegriff zu Dunkelheit / Nacht / Finsternis lässt denken an:
- warm / hell
- er-hellen / er-leuchten
- Medium der himmlischen Welt
- Manifestation des Göttlichen
- scheiden / unterscheiden

Nach biblischer Überzeugung ist Gott Licht und schafft Licht, das sich brennpunktartig in der Geburt des Kindes sammelt.

Der biblische bzw. liturgische Befund verweist auf folgende Zusammenhänge:

Jes 9,1	Das Volk, das im Finstern wandelt, sieht ein großes Licht (Vgl. Lk 1,78f: ... durch die uns besuchen wird das aufgehende Licht aus der Höhe, damit es erscheine denen, die sitzen in Finsternis und Schatten des Todes)
Jes 60,1	Mache dich auf, werde licht; denn dein Licht kommt
Joh 1,5	Das Licht scheint in der Finsternis und die Finsternis hat's nicht begriffen
Joh 3,19	... dass das Licht in die Welt gekommen ist
Joh 8,12	Ich bin das Licht der Welt
Lk 2,9	Und der Engel des Herrn trat zu ihnen und die Klarheit des Herrn leuchtete um sie
EG 16	„Die Nacht ist vorgedrungen", Str. 1, 5
EG 40	„Dies ist die Nacht, da mir erschienen", Str. 1, 3, 5
SL 112	Tragt in die Welt nun ein Licht
SL 118	Mache dich auf und werde Licht Ins Wasser fällt ein Stein, Str. 2
SL 150,2	Ein Funke, kaum zu seh'n

(MC Weihnachten ist nicht mehr weit – D. Jöcker:)
Ein Licht leuchtet auf in der Dunkelheit
(MC/CD Licht auf meinem Weg – D. Jöcker:)
Mir ist ein Licht aufgegangen
Licht auf meinem Weg
Wenn du uns leuchtest

Die Themen 1–3 machen die Symbole „Tür – Stern – Licht" für die Freiarbeit im Zusammenhang mit Advent und Weihnachten im Sinne von „Schlüsseln zur Welt des Glaubens" (H.K. Berg) fruchtbar.

Jeder dieser „Schlüssel"
– hat eine elementare und authentische Funktion zur Erschließung der Hoffnungsbotschaft des Weihnachtsevangeliums
– bringt individuelle sowie Alltags- und Grunderfahrungen ins Spiel
– vernetzt eigene Lebensfragen/-erfahrungen mit biblischer Tradition
– weckt und fördert entdeckendes Lernen.

2. Literatur und Medien

Tür
– E. Bihler, *Symbole des Lebens – Symbole des Glaubens III*, Lahn, Limburg 1996², S. 142ff
– A. Bönders, *Türen öffnen – Türen schließen*. Unterrichtseinheit zum 3. Schuljahr, (Materialien zum Grundschullehrplan Ev. Religionslehre XVI), Pädagogisch-Theologisches Institut, Fachbereich SU, Akazienweg 20, 53177 Bonn-Bad Godesberg o.J.
– R. Deßecker / R. Schupp, Hg., *... denn euch ist heute der Heiland geboren*, Kaufmann, Lahr 1987, S. 145ff
– E. Domay, Hg., *Vorlesebuch Symbole*, Kaufmann/Patmos, Lahr/Düsseldorf 1989, S. 192ff
– D. Forstner, *Die Welt der christlichen Symbole*, Tyrolia, Innsbruck/Wien 1986⁵, S. 362ff

– forum religion 2/96, S. 32ff
– *Herder-Lexikon Symbole*, Herder, Freiburg 1978⁴, S. 173

Stern
– E. Domay, a.a.O., S. 38ff
– D. Forstner, a.a.O., S. 103ff
– forum religion 4/96, S. 4ff
– U. Früchtel, *Mit der Bibel Symbole entdecken*, Vandenhoeck & Ruprecht, Göttingen 1991, S. 114ff
– *Herder-Lexikon Symbole*, a.a.O., S. 162
– M. und U. Tworuschka, *Symbole in den Religionen der Welt*, Kaufmann/Butzon & Bercker, Lahr/Kevelaer 1996, S. 217ff

Licht
- E. Domay, a.a.O., S. 250ff
- D. Forstner, aa.O., S. 95ff.44.64.95.183.262
- U. Früchtel, a.a.O., S.42ff
- *Herder-Lexikon Symbole*, a.a.O., S. 101f
- H. Kawasaki / M.-L. Huster, *Ein Tag aus Licht*, Wittig, Hamburg 1990

- H. Kirchhoff, Hg., *Ursymbole und ihre Bedeutung für die religiöse Erziehung*, Kösel, München 1982, S. 131ff
- Rhein. Verband für Kindergottesdienst, *Lob sei dir. Kindergottesdienst Advent – Weihnachten – Epiphanias*, Saarbrücken 1994, S. 69ff
- M. und U. Tworuschka, Hg., a.a.O., S. 21ff

3. Bezüge zu Religionsunterricht praktisch

Tür

- Band 2, S. 83ff: Weihnachten: Unterwegs nach Bethlehem
- Band 3, S. 57ff: Weihnachten: „.... und wohnte unter uns"

Stern

- Band 3 S. 57ff: Weihnachten: „.... und wohnte unter uns"

Licht

- Band 1, S. 80ff: Weihnachten: Licht in der Dunkelheit
  Band 1, S. 63ff: Von Menschen, die sehen gelernt haben: St. Martin – Nikolaus
- Band 4, S. 89ff: Weihnachten: ... und Friede auf Erden
- Feste feiern, S. 115ff: „Licht-Fest"
- Schulgottesdienste, Bd. 1:   S. 117ff: „Sterne im Advent"
                                        S. 125ff: „Licht auf unserem Weg"
                                        S. 135ff: „Tragt in die Häuser ein Licht"
                                        S. 147ff: „Gott schließt die Türen auf ..."

4. Erläuterungen zu den Freiarbeits-Vorschlägen

Zu 5.1 c) Eine geheimnisvolle Tür

L. besorgt zunächst einen etwas größeren Karton (TV o.Ä.). Aus ihm werden an einer Seite die „Türen" (zweiflügelig) sorgfältig herausgeschnitten (Teppichbodenmesser) und mit Tesakrepp o.a. als Scharniere an den Seitenteilen (Zargen) wieder aufgeklebt.

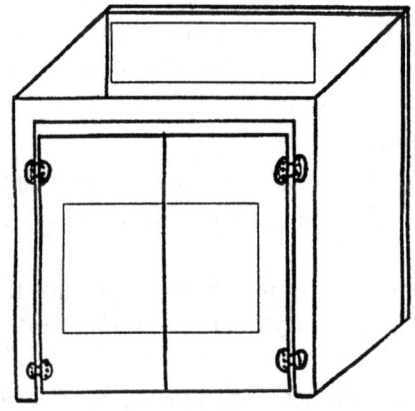

An der Rückwand des Kartons werden jeweils auf Fotokarton die Kinderarbeiten fixiert.

Die Tür soll die Kinder neugierig machen und anregen, sie zu öffnen. Sie sollen einen „Durchblick" bzw. „Einblick" gewinnen und dabei Neues entdecken oder Vertrautes neu sehen lernen.

Die Ergebnisse werden nach und nach an der Stellwand fixiert. Dabei ist darauf zu achten, dass die anderen Kinder das Ergebnis nicht schon vorher gesehen haben.

Zu jeder Präsentation wird die Tür geheimnisvoll geöffnet. Die übrige Klasse hat nun die Möglichkeit, das Produkt zu betrachten, sich zu äußern oder bei den „Künstlern" nachzufragen.

Die Tür mit der Stellwand und allen Kinderarbeiten kann ggf. – für alle zugänglich – im Schulflur oder in der Pausenhalle aufgestellt werden.

Alternative: Zarge mit passender Tür (einflügelig / zweiflügelig), ggf. aus Dachlatten und Schraubzwingen (Rahmen) und Pappe selbst herstellen. Stellwand o.Ä. als Träger der Kinderarbeiten

Ideenreiche, auch in der Grundschule praktikable Anregungen enthalten z.B. folgende Titel:
– M. L. Goecke-Seischab / I. Ranze-Kaluzam, *Auf das Weihnachtsfest vorbereiten.* 24 Gestaltungsvorschläge für 5 bis 12-jährige, Kaufmann/Butzon & Bercker, Lahr/Kevelaer 1995
– I. Klettenheimer, *24 Bastelideen für die Adventszeit,* (ALS-Hobby-Kurs 638), ALS, Dietzenbach 1993

Wer mit Bildmotiven arbeiten will, müsste die einschlägigen Kunstbilder (vor-)auswählen und auf das benötigte Format (als Farbkopie) vergrößern lassen. Eine gute Zusammenstellung von Kunstpostkarten zu Advent und Weihnachten enthält der Katalog „Weihnachtskarten" des Kunstverlages „ars liturgica" Maria Laach, 56653 Maria Laach, Tel.: 02652 / 59381, Fax: 02652 / 59386

Zu 5.2 d) Schreiben

Zu der Anregung „Schriftbild" / „Haus" vgl. auch S. Berg, *Arbeitsbuch Weihnachten für Schule und Gemeinde,* Calwer/Kösel, Stuttgart/München 1988, S. 144.

Zu 5.2 e) Lichter-Tanz

Das Lied „Mache dich auf ..." ist enthalten in: Liedkassette zu Exodus 3 (Neuausgabe, Patmos/Kösel, Düsseldorf/München)

Zu „Bodenspirale" s. H. Halbfas 3, S. 13.

Anregungen zur Choreographie enthalten u.a.
– E. Bihler, *Symbole des Lebens – Symbole des Glaubens.* Werkbuch für Religionsunterricht und Katechese, Bd. 1, Lahn, Limburg 1992, S. 32
– E. Hirsch, *Kommt, singt und tanzt. Materialien für Schule und Gemeinde,* Patmos, Düsseldorf 1997, S. 97–99
– H.-M. Lander / M.-R. Zohner, *Meditatives Tanzen,* S. 171ff
– M. Ott, *Bewegte Botschaft. Liedtänze zum Tages-, Jahres- und Lebenskreis,* Theologischer Verlag Zürich / Verlag am Eschbach, Zürich/Eschbach 1996, S. 86ff
– Rhein. Verband für Kindergottesdienst, Hg., *Weihnachten. Gottesdienste – Spiele – Ideen – Kreatives – Geschichten zu Advent und Weihnachten,* Düsseldorf o.J., S. 155
– W. Schneider, *Lobt ihn mit Tanz. Neue Vorschläge für den Gottesdienst,* Herder, Freiburg u.a. 1990, S. 24f
– Vgl. auch H. Freudenberg, Hg., *Feste feiern. Gestaltungsvorschläge für Grundschule / Sonderschule,* Vandenhoeck & Ruprecht, Göttingen 1996, S. 120f

Zu 5.3 b) Stern-Mandalas (1)

Die Vorlagen (**M 3 / M 4**) müssen vor dem Einsatz auf das gewünschte Format vergrößert werden.

Zu 5.3 e) Stern-Mandalas (4)

Zum Thema „Mandala mit Naturmaterialien" s. Feste feiern, S. 35f.

Zu 5.4 Gestalten (I): Die Weihnachtsgeschichte mit Märchenwolle legen

Notwendige Vorkenntnisse
– Text der biblischen Weihnachtsgeschichte
– Konkrete Erfahrungen mit Licht und Dunkelheit
– Erarbeitung der Symbolebene von Licht und Dunkelheit
– Verständnis für Farbsymbolik

Materialien
- Text der Weihnachtsgeschichte nach Lukas
- Tuch als Unterlage (groß, schwarz)
- Märchenwollen (ungesponnene Wolle) in verschiedenen hellen, leuchtenden Farben (Bezugsquelle: Waldorf-Läden)
- Plakat mit dem Satz: „Die biblische Weihnachtsgeschichte erzählt von der Geburt Jesu wie von einem Licht, das in die Dunkelheit hineinstrahlt" (zunächst abgedeckt).
- Arbeitsaufträge auf großen Karteikarten
- leere Plakate, Papier, Stifte

Zur Arbeit mit der Märchenwolle

Figuren lassen sich aus der leicht lang gezogenen Wolle formen. Durch ihr geringes Gewicht haftet sie gut auf dem Untergrund. Ohne Probleme lassen sich mit der Wolle Figuren, Tiere, Landschaft und abstrakte Objekte (Feuer/Wolken/Nebel/Licht etc.) legen. Weniger geeignet sind komplizierte Umrisse und feine Erkennungsmerkmale.

Zum Thema s. auch den Aufsatz von L. Primavesi „Märchenwolle als religionspädagogisches Medium", in: RL 4/91, S 10–12.

Auswahlkriterien

Ausgehend von dem Arbeitsauftrag, die biblische Weihnachtsgeschichte mit dem Medium „Märchenwolle" darzustellen, kamen wir in unserer Kleingruppe zu folgenden Überlegungen:

Das Thema
- Wesentlich erschien es uns, die biblische Weihnachtsgeschichte nicht als „Tatsachenbericht" im Unterricht darzustellen, sondern die *Thematik* unter einer Zielperspektive zu *zentrieren*. So kann ein rein nachgestaltendes, für die Lebenswirklichkeit der Schüler/innen bedeutungsarmes Darstellen der Weihnachtsgeschichte mit Märchenwolle vermieden werden (z.B. Braun in Form eines Stalles, gelber Stern etc.)
- Dazu bedachten wir zunächst einige wesentliche thematische und intentionale Perspektiven des Textes und reduzierten das Bedachte mit Blick auf Thema und Lerngruppe (z.B. 4. Schuljahr) auf den Aspekt: *Die biblische Weihnachtsgeschichte erzählt von der Geburt Jesu wie von einem Licht, das in die Dunkelheiten der Welt hineinstrahlt.*

Die Lerngruppe

Anschließend überlegten wir, ob diese Zielperspektive für die Schüler/innen in ihrer konkreten Lebens-

wirklichkeit *bedeutsame Erfahrungen* anspricht, die während der Arbeit mit der Märchenwolle zur Sprache kommen können (vgl. z.B. auch Lehrplan: Ev. Religionslehre in der Primarstufe).

Belastende Erfahrungen mit „dunklen Stunden" (Ängsten, Traurigkeit, Sorgen etc.) tragen alle Schüler/innen mit sich. Diese – ein Stück weit und auf freiwilliger Basis – im Gespräch miteinander und im Gestalten der Märchenwolle zu benennen und Auswege (Lichtpunkte) zu bedenken, setzt einen kreativen Prozess in Gang, der die Basis legt für ein mögliches Verstehen der biblischen Botschaft, indem er die Schüler/innen darin übt, ihre Erfahrungen zur Sprache zu bringen und mit Erfahrungen, die aus biblischen Texten zu ihnen sprechen, in Beziehung zu setzen.

Das Unterrichtsvorhaben

Die SchülerInnen setzen sich mit ihren „eigenen weihnachtlichen" Erfahrungen auseinander und verknüpfen sie mit den Inhalten des Weihnachtsevangeliums. Dazu „erhellen" sie ein großes, dunkles Tuch mit leuchtend bunter Märchenwolle. Der konkrete Umgang mit den weichen leuchtenden Farbsträngen und die Gespräche helfen ihnen, den Gehalt der Weihnachtsbotschaft zu erfassen.

Erst wenn über Gespräche und Handeln die eigenen Erfahrungen mit Dunkelheit und Licht ein Stück weit belebt worden sind, sind Schüler/innen in der Lage, den Satz: *Die biblische Weihnachtsgeschichte erzählt von der Geburt Jesu wie von einem Licht, das in die Dunkelheit der Welt hineinstrahlt,* für sich mit Leben zu erfüllen und in ersten Ansätzen zu verstehen.

Die *Arbeitsaufträge* 1 bis 3 bauen chronologisch aufeinander auf!

Auch das Thema „Weihnachten in anderen Ländern – Weihnachtsbrauchtum aus aller Welt" kann Gegenstand der FA werden.
Literatur dazu:
- Ev. Missionswerk, Hg., *Weihnachten hier und anderswo: Schülerheft* (mit vielen Farbbildern), Lehrerheft, Hamburg 1996, Ev. Missionswerk in Deutschland, Normannenweg 17–21, 20537 Hamburg
- Misereor Aachen, Hg., *„Die etwas anderen Weihnachtskarten"* (mit Motiven aus Ländern der „Dritten" Welt): Set 5, 7, 8, 10-12
- K. Raschzok, Hg., *Die Welt ist heut an Bildern reich.* 24 weihnachtliche Bilder aus aller Welt

mit Informationen und Meditationen, missio/ Verlag der Ev.-Luth. Mission, Aachen/Erlangen 1997

Zu 5.5 Künstler deuten Weihnachten

Hier sei noch einmal auf die Kunstpostkarten des Verlages „ars liturgica" Maria Laach verwiesen (Adresse s. o., S. 37).

5. Freiarbeitsvorschläge

5.1 Tür   a) abweisende Tür – einladende Tür

Ihr benötigt für die *abweisende* Tür:

- Karton (ca. 50 cm x 100 cm)
- dunkle Farbe / Pinsel oder dunkles Tuch

Ihr benötigt für die *einladende* Tür:

- Karton (ca. 50 cm x 100 cm)
- helle Farbe/Pinsel
- Blume/Blüte (zum Schmücken der Tür)
- Schmuckband (für Türschleife) – Stifte zum Beschriften (Willkommensgruß),
- Bindedraht
- Gedicht(e)
- Lied(er)
- Bild(er)
- Bibelvers(e)

Arbeits-
vorschläge:
- Gestaltet mit den bereitliegenden Materialien eine *abweisende* Tür!
- Gestaltet mit den bereitgestellten Materialien eine *einladende* Tür!
- Entscheidet zunächst, ob ihr *allein* oder zu *zweit* oder in *Gruppen* arbeiten wollt.
- Sprecht dann miteinander ab, *wie* ihr den Auftrag lösen wollt, z.B durch
     ... Malen   ... lebendes Denkmal
     ... Collage   ... Denkmal mit Alufolie
     ... Szenisches Spiel   ... Schreiben
                            ...?

5.1 Tür   b) abweisende Tür – einladende Tür

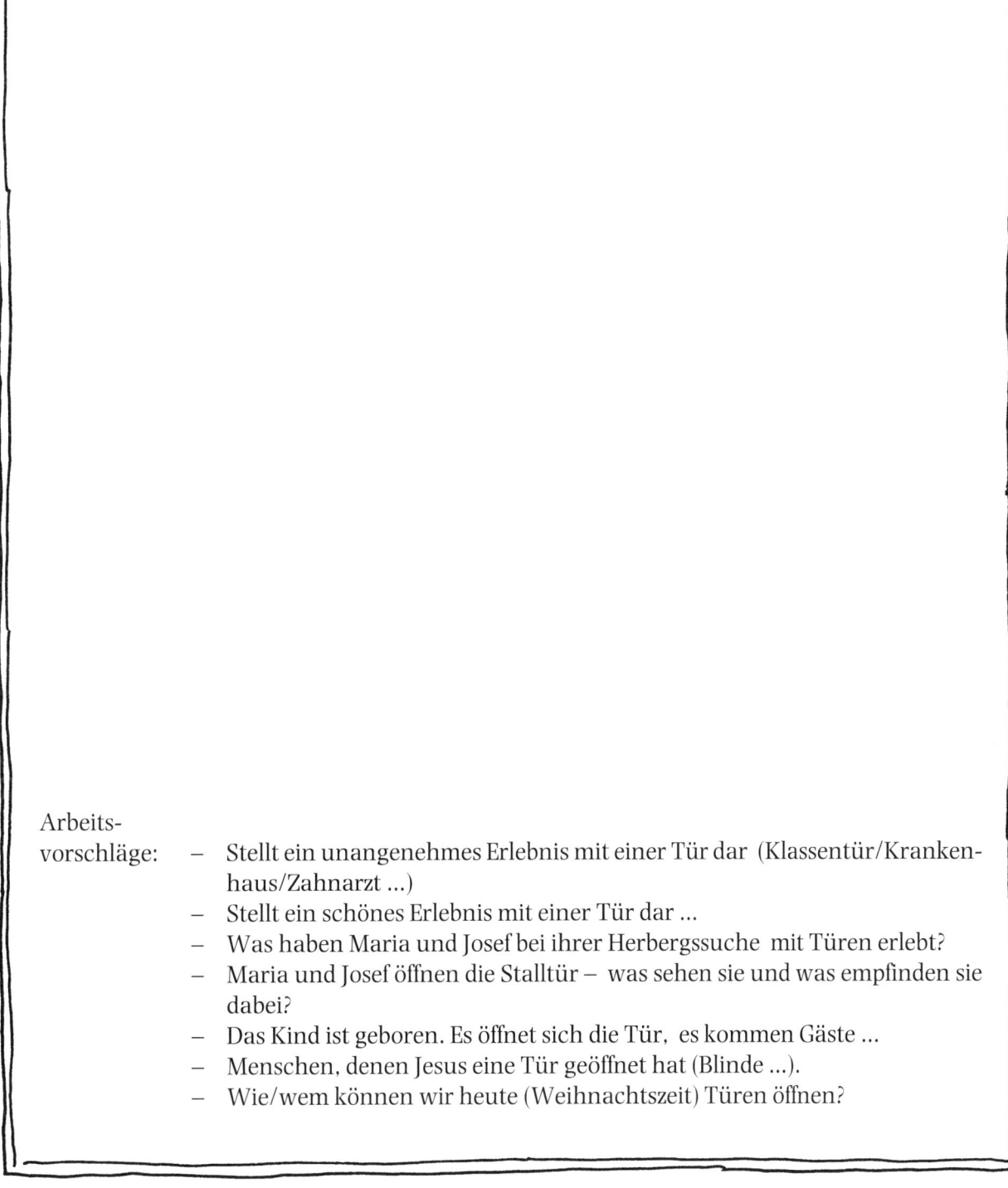

Arbeits-
vorschläge: – Stellt ein unangenehmes Erlebnis mit einer Tür dar (Klassentür/Kranken-
                   haus/Zahnarzt ...)
                – Stellt ein schönes Erlebnis mit einer Tür dar ...
                – Was haben Maria und Josef bei ihrer Herbergssuche mit Türen erlebt?
                – Maria und Josef öffnen die Stalltür – was sehen sie und was empfinden sie
                   dabei?
                – Das Kind ist geboren. Es öffnet sich die Tür, es kommen Gäste ...
                – Menschen, denen Jesus eine Tür geöffnet hat (Blinde ...).
                – Wie/wem können wir heute (Weihnachtszeit) Türen öffnen?

5.1 Tür   c) eine geheimnisvolle Tür

Ihr benötigt: –   Fotokarton (pro Gruppe 1)
                  –   Scheren / Klebstoff
                  –   Malutensilien
                  –   Texte (**M 1**)
                  –   Tanne
                  –   Kerze
                  –   Tücher
                  –   Märchenwolle
                  –   Collagenmaterial (Zeitungen, Illustrierte etc.)
                  –   Fotoapparat
                  –   Farbstifte
                  –   Wellpappe
                  –   Schere
                  –   Stroh

Arbeits-
vorschläge: –   Ihr sollt in Gruppen je ein „Bild" zum Thema „Advent" oder „Weihnach-
                  ten" erstellen. Das „Bild" ist als Überraschung für eure Mitschüler ge-
                  dacht. Es soll für sie erst sichtbar werden, wenn sich die „geheimnisvolle
                  Tür" öffnet. Wählt aus, was euer „Bild" zeigen soll, z.B.:
              –   Schreibt einen schön gestalteten Text (**M 1** Weihnachtsgeschichte,
                  Herbergssuche ...), verziert ihn (z.B. mit einer goldenen Initiale).
              –   Malt ein Bild / eine Bilderfolge / einen Scherenschnitt.
              –   Denkt euch ein Symbol aus und gestaltet es.
              –   Entwerft ein Spielfeld für ein Adventswürfelspiel.
              –   Legt mit einem Tuch und Märchenwolle ein Bild.
              –   Stellt eine Collage her.
              –   Fotografiert
              –   ...

5.2 Licht   a) Fensterbild

Ihr benötigt: – Schwarzes Tonpapier
              – Schere(n)
              – Cuttermesser
              – Klebstoff
              – Transparent- oder Seidenpapier (verschiedene Farben)
              – Alternative: Architektenpapier
              – Feinliner / Farbstifte o. Ä.

Arbeits
vorschlag: Entwerft ein Fensterbild zum Thema „Licht scheint in der Finsternis".

5.2 Licht   b) Fensterbild

Ihr benötigt: – s.o. – zusätzlich:
              – Textvorlage mit geeigneten Texten (**M 2**) (s. biblische und liturgische
                 Kontexte)
              – Umrissskizze für das Fensterbild

Arbeits-
vorschläge: Fertigt ein Fensterbild mit unterschiedlichen „Licht"-Bildern aus Bibel und
              Gesangbuch. Ihr könnt auch in euer Bild schreiben oder Texte und Bilder
              miteinander kombinieren.

5.2 Licht   c) Schwimmkerzen

Ihr benötigt: – Walnusshälften
                 – Kerzenreste
                 – Gefäß zum Erhitzen der Kerzenreste
                 – Docht
                 – Glasschale mit Wasser
                 – Ruhige, meditative Musik (z.B. „Lichtimpressionen" ...)
                 – Kassettenrecorder

Arbeits-
vorschläge: – Erhitzt die Kerzenreste und lasst die Masse anschließend etwas abkühlen!
                   (Die Farbe lässt sich durch Beimischung von Wachsmalstift-Resten be-
                   einflussen).
                 – Gießt das Wachs vorsichtig in die Walnusshälften.
                 – Bohrt mit einem Zahnstocher oder Streichholz ein Loch für den Docht in
                   die Mitte der Kerzenfüllung, führt den Docht vorsichtig ein und drückt das
                   Wachs an den Docht.
                 – Verdunkelt den Raum, zündet die Kerzen an und lasst sie in der Wasser-
                   schale schwimmen.
                 – Durch eine meditative Musik, ein Lied, ein Gedicht oder einen selbst
                   geschriebenen Text lässt sich vielleicht der Eindruck noch verstärken.

5.2 Licht   d) Schreiben

Arbeits-
vorschläge: Schreibt eine Geschichte zum Thema ...
                 – „Wenn ich ein Licht wäre ..." *oder*
                 – „Mir geht ein Licht auf ..." *oder*
                 – „Zu wem ich ein Licht tragen möchte ..." (Diese Geschichte kannst du
                   auch in die Umrisse eines Hauses schreiben und zusammen mit anderen
                   beschriebenen Häusern zu einer Stadt zusammenstellen, vgl. S. Berg,
                   Arbeitsbuch, 144)

5.2 Licht   e) Lichter-Tanz

Ihr benötigt   – Teelichter in Glasbehältern (in Anzahl der Kinder)
          – Tannenzweige zum Legen einer großen Bodenspirale, durch die die Kinder tanzen und singen können

(Melodie: Kommunität Gnadenthal, Text: Bibel © Präsenz-Verlag, Gnadenthal)

Arbeits-
vorschläge: – Denkt euch zu dem Kanon „Mache dich auf und werde Licht" einen
          einfachen Tanz mit Lichtern für die ganze Klasse aus.
          – Vielleicht wollt ihr mit Tannenzweigen eine große Spirale legen, durch
          die sich eure Schlange hindurchbewegt.

5.3 Stern   a) Ruß-Dias

Ihr benötigt: –   Diagläser (Alternative: Gläser mit dunkler Plakafarbe einfärben und
                    abtrocknen lassen)
                –   Kerze
                –   Zahnstocher/Schaschlik-Spieß
                –   Diaprojektor

Arbeits-
vorschläge: –   Stellt Ruß-Dias mit dem Motiv des Sterns her!
                –   Überlegt auch, ob ihr zur Vorführung eurer Bilder eine Musik einspielen
                    wollt.

5.3 Stern   b) Stern-Mandalas (1)

Ihr benötigt: – Vorlagen   (**M 3**)
– Zeichenuhr (**M 4**)
– Farbstifte / Pastellkreiden

Arbeits-
vorschläge: – Malt Stern-Mandalas. Dazu könnt ihr Vorlagen (**M 3**) benutzen oder
selbst ein Mandala mit der Zeichenuhr (**M 4**) entwerfen.
– Schreibt einen kleinen Text zu eurem Mandala.

5.3 Stern   c) Stern-Mandalas (2)

Ihr benötigt: s.o.
                Ferner:
                – Nüsse   – Wurzel
                – Tanne   – Kerze/Teelichter
                – Chiffontücher   – Blüten (Weihnachtsstern?)
                – Steine

Arbeits-
vorschlag: Legt euer fertiges Mandala in die Mitte. Setzt es nach außen fort mit
                Nüssen, Tanne etc.

5.3 Stern   d) Stern-Mandala als Gemeinschaftsbild (3)

Ihr benötigt: s.o.
                Ferner:
                – Folie mit einem Stern-Mandala für den TP
                – Kartonpapier (DIN A2)
                – TP
                – ggf. große Kerze

Arbeits-
vorschläge: Fertigt als Gruppenarbeit ein großes Stern-Mandala an. Die Arbeitsschritte
                sind:
                – Projiziert die Folie auf das an der Wand befestigte Kartonpapier und zieht
                  dort die Konturen des Mandalas nach.
                – Malt das Mandala farbig aus.
                – Legt das fertige Mandala auf den Boden. Wenn ihr wollt, könnt ihr eine
                  brennende Kerze in die Mitte eures Bildes stellen.

5.3 Stern   e) Stern-Tastmandala (4)

Ihr benötigt: – Naturmaterialien   – Bohnen / Erbsen
            z. B.:   – Kastanien
            – Erde   – Wolle
            – Rinde   – Beeren etc.
            – Sand   – kleine Steine

Arbeits-
vorschlag: Gestaltet mit den Naturmaterialien ein Tast-Mandala, das die Form eines Sterns hat.

5.3 Stern   f) Schreiben

Arbeits-
vorschläge: Schreibt eine Geschichte zum Thema ...
               – „Meine Stern-Geschichte" *oder*
               – „Die Geburt Jesu aus der Sicht des Sterns von Bethlehem" *oder*
               – Schreibt die Weihnachtsgeschichte (Lukas 2) in die Umrisse eines Sterns
                 hinein (Textbild).

5.3 Stern   g) Der wunderbare Sternenhimmel und der Stern von Bethlehem

Wunderbarer Sternenhimmel

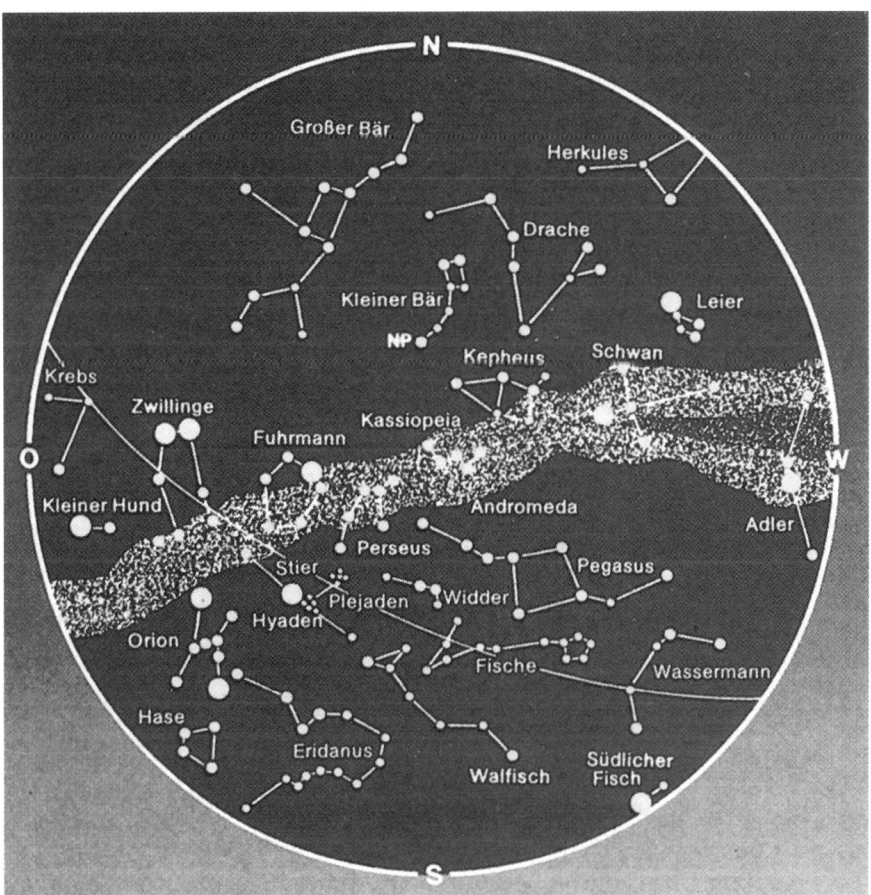

Der Sternenhimmel im Dezember – Sternkarte aus dem Sternenkompass

Ein funkelnder Sternenhimmel in einer klaren Winternacht ist wie ein Wunder! Millionen Sterne leuchten vom Firmament. Seit Tausenden von Jahren staunen die Menschen über dieses Himmelsschauspiel. Seit Tausenden von Jahren beobachten Astronomen die Sterne. Sie untersuchen sie, berechnen ihre Bahnen und legen Sternkarten an.

Arbeits-
vorschlag: –   Erarbeitet eine kleine Geschichte (mit Bildern, Skizzen ...) zum Thema „Der Stern von Bethlehem". Verwendet **M 5** und achtet dabei auch auf Matthäus 2,2.

5.4 Die Weihnachtsgeschichte nach Lukas 2

5.4 a) Gestalten (I): Märchenwolle

Ihr benötigt: – bunte Märchenwolle
                – farbige Tücher (ca. DIN A1)

Arbeits-
vorschläge: Die Arbeitsvorschläge 1-3 bauen chronologisch aufeinander auf.

    1. Hier könnt ihr eine *Geschichte erzählen*, in der jemand sagt:
        „Ich fühle mich wie in tiefer Dunkelheit."

        *   Überlegt dabei:
        –   Was hat dieser Mensch erlebt?
        –   Welche Gefühle hat dieser Mensch?

        *   Stellt diese Dunkelheit mit dem Material an eurem Arbeitsplatz dar.

        *   Erfindet ein gutes Ende für eure Geschichte.

        *   Überlegt dabei:
        –   Wer kann für den Menschen „wie Licht werden"?
        –   Was kann für den Menschen „wie Licht werden"?
        –   Welche Gefühle hat dieser Mensch am Ende eurer Geschichte?

        *   Tipp: Ihr könnt auch eine Geschichte erzählen, die ihr selbst einmal
            erlebt habt.

    2. Hier könnt ihr die *Veränderung* in eurer Geschichte „Licht kommt in die
        Dunkelheit" mit den Farben der Märchenwolle auf eurem Bild von der
        Dunkelheit *darstellen*.

        *   Einigt euch in eurer Gruppe auf *ein* gemeinsames Bild.

        *   Tipp: Denkt an die Bedeutung der Farben.

3. Hier könnt ihr euch das *abgedeckte Plakat* ansehen.

*   Lest euch den Text des Plakates zwei Mal laut vor.

> „Die biblische Weihnachtsgeschichte erzählt von der Geburt Jesu wie von einem Licht, das in die Dunkelheiten der Welt hineinstrahlt."

*   Überlegt anschließend:
–   Passt euer Bild auch zu diesem Satz? Warum?
–   Müsstet ihr euer Bild noch einmal verändern, damit es zu diesem Satz passen könnte? Warum?
–   Wenn ihr möchtet und es für nötig haltet, könnt ihr euer Bild jetzt noch einmal verändern.

*   Lasst euer fertiges Bild auf seinem Platz liegen, damit eure Mitschüler und Mitschülerinnen es ansehen können.

*   Wenn ihr möchtet, schreibt einige Sätze als Erklärung zu eurem Bild und legt sie verdeckt dazu.

*   Ihr könnt auch einen Sprecher oder eine Sprecherin bestimmen, die den anderen etwas zu eurem Bild erzählen kann. Beratet gemeinsam, was er oder sie erzählen könnte. Denkt dabei an eure Geschichte und den Satz auf dem Plakat.

*   Vielleicht fällt euch auch eine ganz andere Form ein, wie ihr euren Mitschülern und Mitschülerinnen von eurem Bild und dessen Aussage erzählen könnt?

5.4 b) Gestalten (II): Bilderweiterung

Ihr benötigt außer
dem Bild „Geburt Christi":   – Illustrierten   – Schere(n)
                                 – Stifte   – Klebe
                                 – Zeichenpapier (ca. DIN A3)   – Zeitungen

Arbeits-
vorschläge: – Klebe das Weihnachtsbild in die Mitte deines Zeichenblattes.
              – Schneide aus den Zeitungen und Illustrierten Bilder / Berichte / Über-
                 schriften aus, die etwas mit dem Leben heute zu tun haben! (Wovor
                 haben Menschen heute Angst? Was beschäftigt sie? Worauf hoffen sie?
                 In welche Finsternis soll heute Licht scheinen ...?)
              – Klebe deine Beispiele so um das Bild in der Mitte, dass daraus eine
                 „Kulisse" für die Geburt Christi heute wird.
              – Du kannst dein Bild zusätzlich beschriften, verzieren, gestalten ...

5.4 c) Schreiben

Arbeits-
vorschläge: –   Verfasst eine *Geburtsanzeige* für Jesus.

                       –   Schreibt einen *Zeitungstext*, der von der Geburt Christi berichtet!

5.5 Künstler deuten Weihnachten

Wähle ein *Weihnachtsbild* aus (Postkarte o. Ä.) und klebe es hier auf.

Tipp: Auch Kunstlehrer, Eltern, Pfarrer/in fragen!

Arbeits-
aufträge:

– Versuche deinen muslimischen Mitschüler/inne/n mithilfe des Bildes
die Bedeutung des Weihnachtsfestes zu erklären. (Achte auch auf Bild-
details!)

– Wähle einen Untergrund, auf dem das Bild besonders gut zur Geltung
kommt.

M 1

Es begab sich aber zu der Zeit, dass ein Gebot von dem Kaiser Augustus ausging, alle Leute in seinem Reich zu zählen. Diese Zählung fand statt, als Quirinius Statthalter in Syrien war. Und alle gingen in die Stadt, aus der ihre Vorfahren stammten. So zog auch Josef aus der Stadt Nazareth in Galiläa nach Bethlehem, der Davidsstadt, weil er aus der Familie und aus dem Stamm des Königs David stammte. Mit Maria, seiner Frau, ließ er sich in die Listen eintragen. Maria erwartete ein Kind. Als sie dort waren, kam der Tag, an dem das Kind geboren werden sollte. Und Maria gebar ihren ersten Sohn. Sie wickelte ihn in Windeln und legte ihn in eine Krippe; denn sie hatten sonst keinen Raum in der Herberge.

In derselben Gegend waren Hirten draußen auf dem Feld. Sie hielten Nachtwache bei ihrer Horde. Ein Engel des Herrn trat zu ihnen und die Herrlichkeit des Herrn umstrahlte sie und sie fürchteten sich sehr.

Aber der Engel sprach zu ihnen: „Fürchtet euch nicht! Siehe, ich verkündige euch große Freude, die eurem Volk zuteil wird; denn euch ist heute der Heiland geboren – Christus, der Herr.

Und dies ist das Zeichen, an dem ihr ihn erkennt: Ihr werdet das Kind finden, das in Windeln gewickelt in einer Krippe liegt." Und auf einmal war bei dem Engel eine große Menge von anderen Engeln. Die lobten Gott und sprachen:

„Ehre sei Gott in der Höhe
und Frieden auf Erden
bei den Menschen seines Wohlgefallens.!

Als die Engel wieder weg waren, sagten die Hirten zueinander: „Lasst uns nach Bethlehem gehen und die Geschichte sehen, die da geschehen ist, die uns der Herr kundgetan hat."

Und sie gingen schnell und fanden Maria und Josef und dazu das Kind, das in der Futterkrippe lag.

Als sie es aber gesehen hatten, erzählten sie weiter, was der Engel ihnen über dieses Kind gesagt hatte. Alle, die es hörten, staunten über das, was die Hirten ihnen gesagt hatten.

(Lukas 2)

Stern über Bethlehem, zeig uns den Weg,
führ' uns zur Krippe hin, zeig wo sie steht,
leuchte du uns voran, bis wir dort sind,
Stern über Bethlehem, führ' uns zum Kind!

(SL 125)

Das Licht einer Kerze ist im Advent erwacht.
Eine kleine Kerze leuchtet durch die Nacht.
Alle Menschen warten, hier und überall,
warten voller Hoffnung auf das Kind im Stall.

(SL 119)

Tragt in die Welt nun ein Licht.
Sagt allen: Fürchtet euch nicht.
Gott hat euch lieb, Groß und Klein!
Seht auf des Lichtes Schein!   *(SL 112)*

O Erd, schlag aus, schlag aus, o Erd,
dass Berg und Tal grün alles werd.
O Erd, herfür dies Blümlein bring,
o Heiland, aus der Erden spring.

(Friedrich von Spee, 1623)

Der grüne Zweig in unserer Hand,
der grüne Zweig in unserem Land,
wer weiß denn von euch Leuten
den grünen Zweig zu deuten?

(aus: Der Grüne Zweig, 1980)

Sieh auf die Wurzel, wie sie treibt,
Sieh auf die Wurzel, wie sie treibt.
Gott schenkt Hoffnung, die uns bleibt:
Sein Zweig, der treibt!

(Volkstümliche Weise)

Lasst euch anstiften zur Freude, lasst uns Freudenstifter sein.
Und es finden hier und heute viele Leute wieder Freude,
und kein Mensch ist mehr allein, denn Gott selbst wird bei uns sein.
Halleluja, Halleluja, denn Gott selbst wird bei uns sein.

(aus: MC und Liedheft „Weihnachten ist nicht mehr weit")

Licht-Texte

Das Volk, das im Finstern wandelt,
sieht ein großes Licht.

(Jesaja 9,1)

Mache dich auf, werde licht;
denn dein Licht kommt.

(Jesaja 60,1)

Das Licht scheint in der Finsternis.

(Johannes 1,5)

Jesus sagt: „Ich bin das Licht der Welt."

(Johannes 8,12)

Licht-Lieder

Die Nacht ist vorgedrungen, der Tag ist nicht mehr fern.
So sei nun Lob gesungen dem hellen Morgenstern!
Auch wer zur Nacht geweinet, der stimme froh mit ein.
Der Morgenstern bescheinet auch deine Angst und Pein.

Gott will im Dunkel wohnen und hat es doch erhellt.
Als wollte er belohnen, so richtet er die Welt.
Der sich den Erdkreis baute, der lässt den Sünder nicht.
Wer hier dem Sohn vertraute, kommt dort aus dem Gericht.

(EG 16, Str. 1 + 5)

Dies ist die Nacht, da mir erschienen
des großen Gottes Freundlichkeit;
das Kind, dem alle Engel dienen,
bringt Licht in meine Dunkelheit,
und dieses Welt- und Himmelslicht
weicht hunderttausend Sonnen nicht.

In diesem Lichte kannst du sehen
das Licht der klaren Seligkeit;
wenn Sonne, Mond und Stern vergehen,
vielleicht noch in gar kurzer Zeit,
wird dieses Licht mit seinem Schein
dein Himmel und dein Alles sein.

Drum, Jesu, schöne Weihnachtssonne,
bestrahle mich mit deiner Gunst;
dein Licht sei meine Weihnachtswonne
und lehre mich die Weihnachtskunst,
wie ich im Lichte wandeln soll
und sei des Weihnachtsglanzes voll.

(EG 40, Str. 1, 3 + 5)

Mache dich auf und werde Licht!
Mache dich auf und werde Licht!
Mache dich auf und werde Licht,
denn dein Licht kommt.

(SL 118)

Wer traurig ist, wird wieder froh.
Verzweifelte werden getröstet sein.
Verheißen hat Gott es uns so.
Und alle dürfen sich freun.
Wir warten und hoffen,
wir hoffen und warten.
Wir wissen ja alle davon:
Gott schickt seinen eigenen Sohn.
Ein Licht, ein Licht, ein Licht
leuchtet auf in der Dunkelheit.
Ein Licht, ein Licht, ein Licht leuchtet auf.

(aus: MC „Weihnachten ist nicht mehr weit")

Ein Funke kaum zu seh'n,
entfacht doch helle Flammen,
und die im Dunkeln steh'n,
die ruft der Schein zusammen.
Wo Gottes große Liebe
in einem Menschen brennt,
da wird die Welt vom Licht erhellt,
da bleibt nichts, was uns trennt.

(SL 150, Str. 2)

Tragt in die Welt nun ein Licht.
Sagt allen: Fürchtet euch nicht.
Gott hat euch lieb, Groß und Klein!
Seht auf des Lichtes Schein!

(SL 112)

Licht auf meinem Weg durch die Dunkelheit,
Licht auf meinem Weg leuchtet hell und weit.
Leuchtet, leuchtet hell und weit durch die Dunkelheit,
Licht, jetzt und alle Zeit. Leuchte.

(aus: MC „Licht auf meinem Weg")

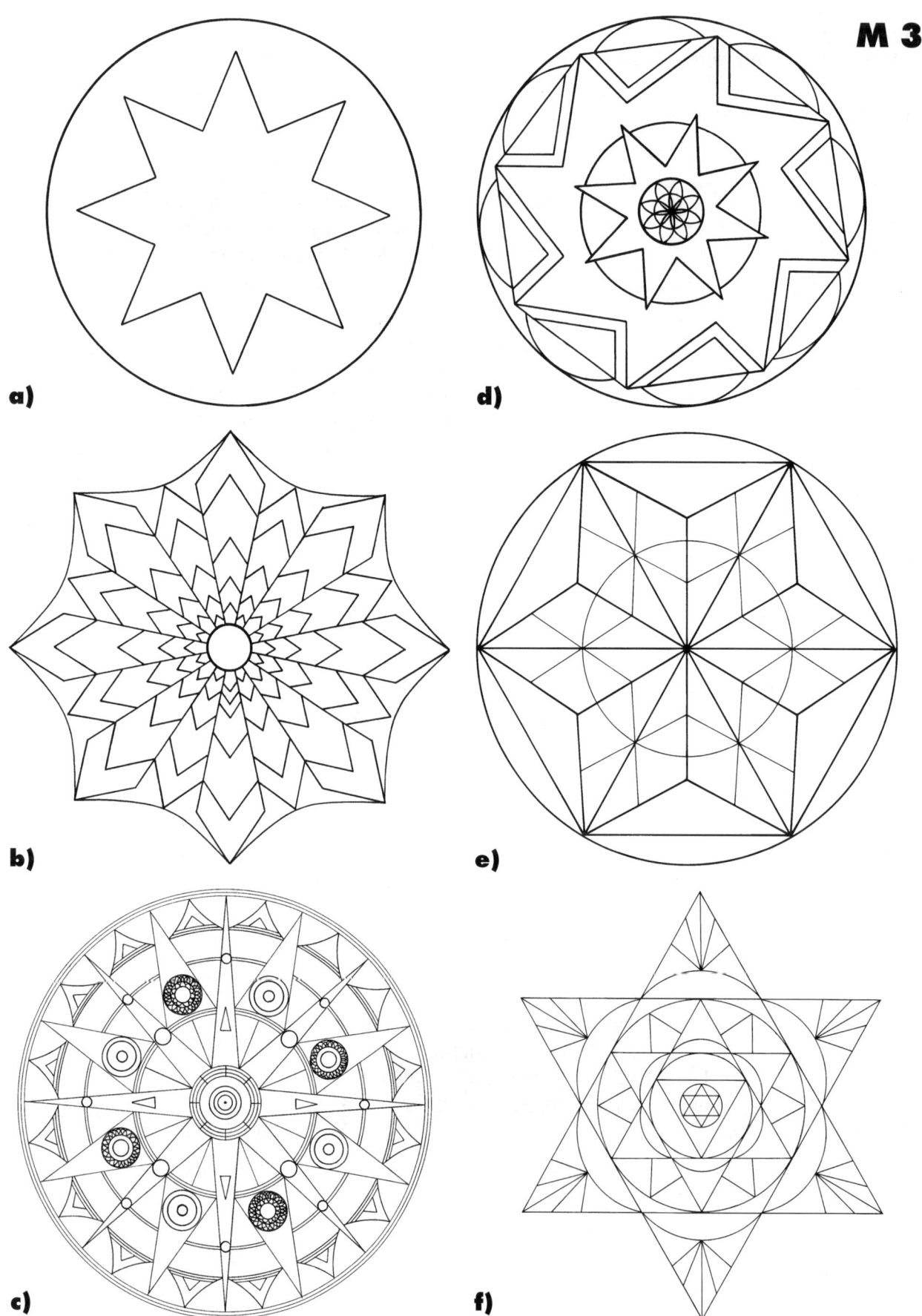

a)

b)

c)

d)

e)

f)

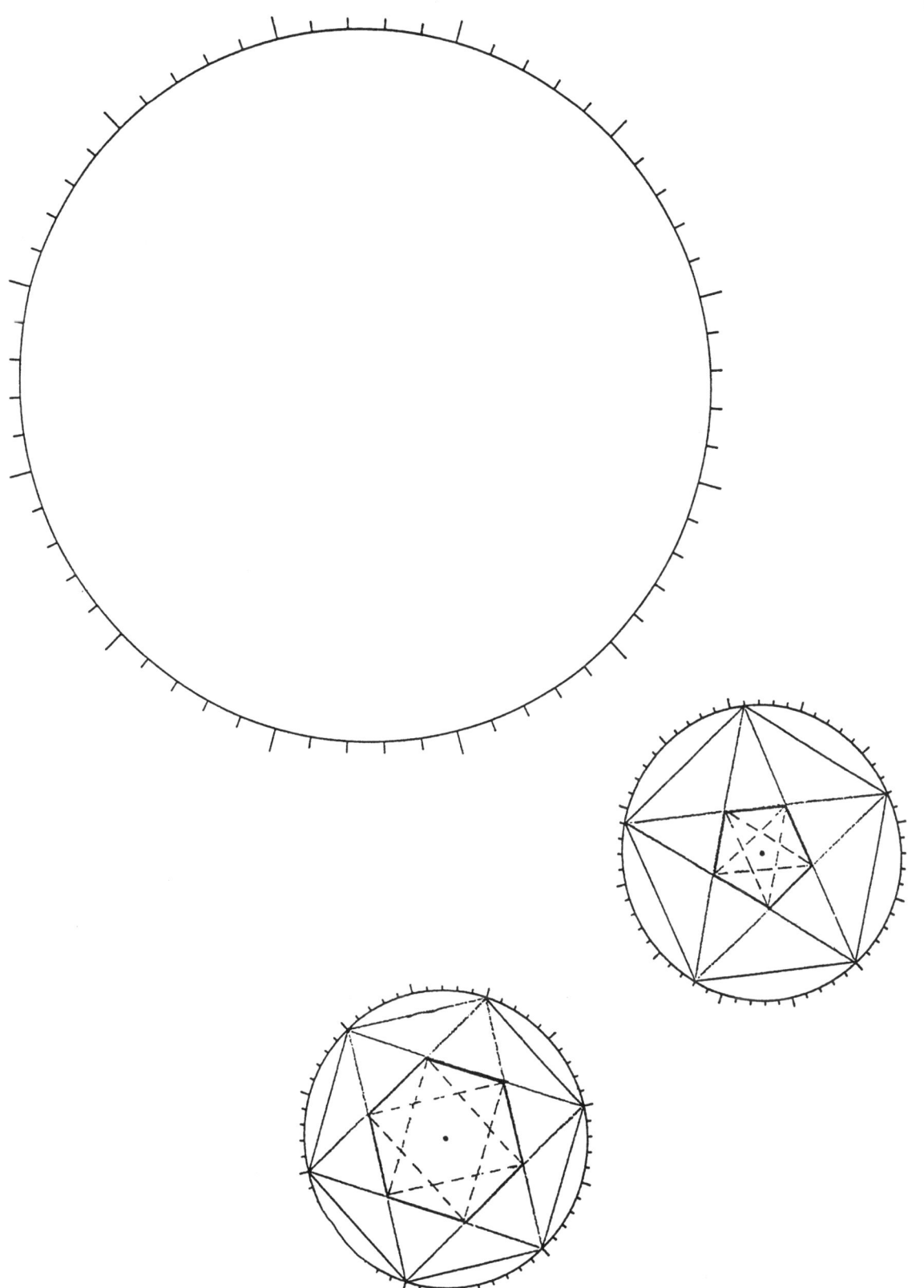

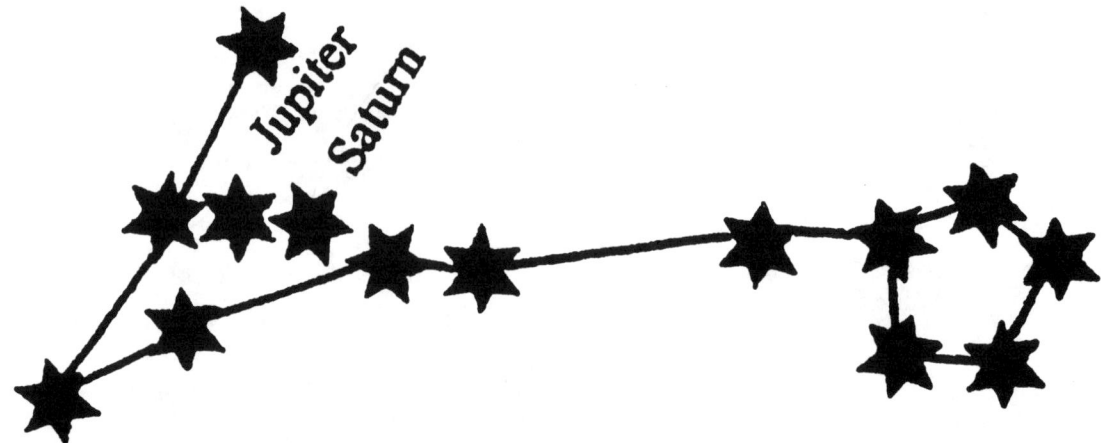

Der Stern von Bethlehem

Auf einer Tontafel aus Sippar am Euphrat fand man in Keilschrift die Berechnungen der Sternforscher für eine besondere Konstellation der Planeten Jupiter und Saturn im Zeichen der Fische für das Jahr 7 vor Christus.

Für die Sterndeuter galten Jupiter als Stern des Weltherrschers und Saturn als Stern Palästinas. Das Sternbild der Fische wurde als Zeichen der Endzeit betrachtet. Wenn Jupiter dem Saturn im Zeichen der Fische begegnete, so bedeutete das: In Palästina wird in diesem Jahr der Herrscher der Endzeit erscheinen.

Genau mit dieser Erwartung kamen die Sterndeuter, von denen das Matthäus-Evangelium erzählt, nach Jerusalem. In der christlichen Überlieferung ist aus diesem Himmelsphänomen der Stern von Bethlehem geworden.

C Wasser – Quelle des Lebens

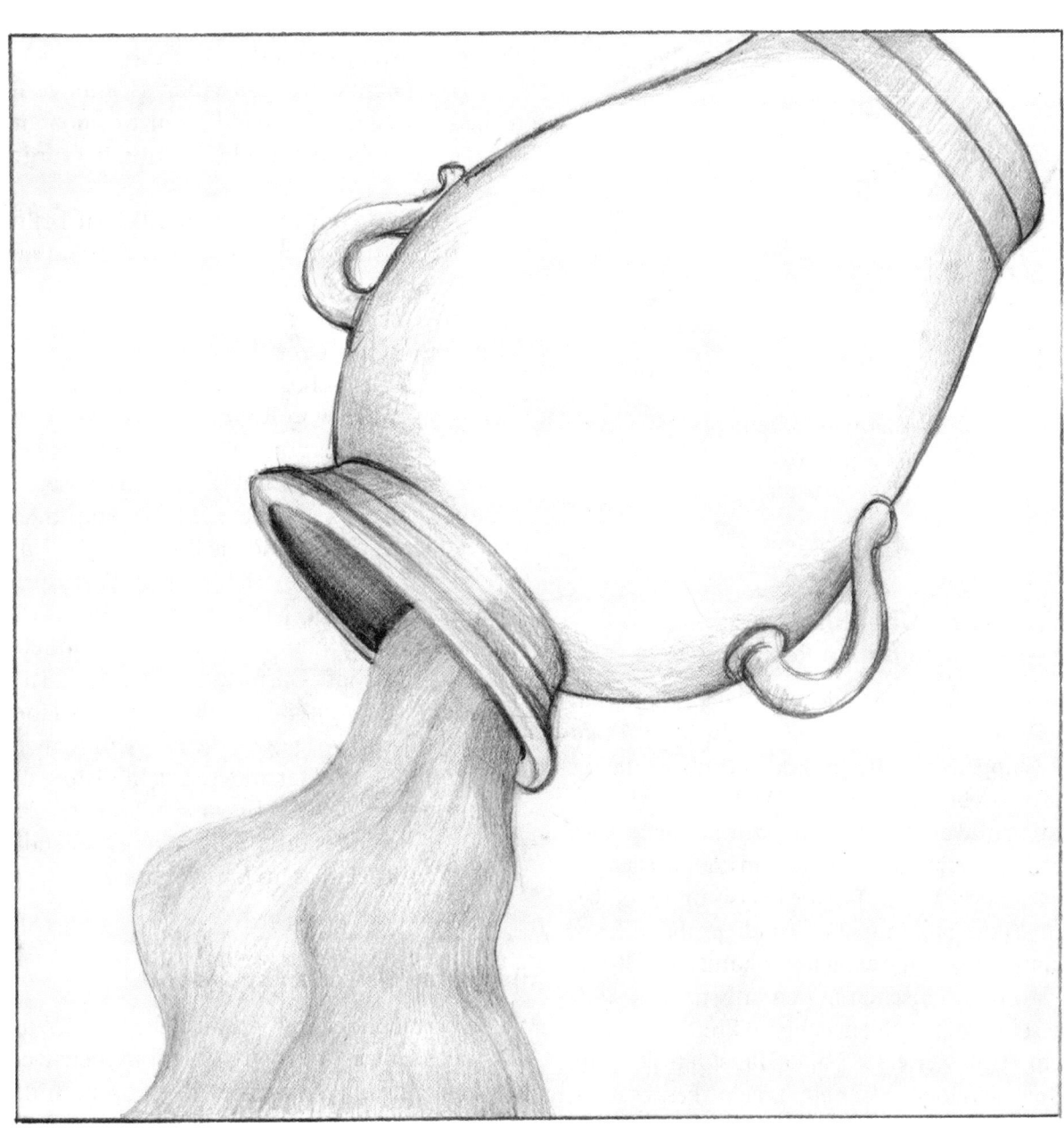

1. Thematisches Stichwort

a) Erste Assoziationen

Wasser ist ...   erfrischend
                         Lebensraum
                         lebensnotwendig
                         kraftvoll
                         kostbar
                         klar
                         wie ein Spiegel
                         Leben
                         Spaß
                         kühl / frisch

Wasser kann ...   vernichten
                         tragen
                         ruhig sein
                         unruhig sein
                         hohe Wellen schlagen
                         mich wärmen / kühlen
                         heilen
                         reinigen
                         Durst löschen
                         vergehen
                         verdunsten

b) Wasser im Überfluss – Wasser als knappe Resource

Wasser ist überall; es bedeckt 2/3 der Erdoberfläche (Ozeane / Seen / Flüsse / Grundwasser / Polare Eiskappen). Doch nur 1 % davon ist nutzbar und zum Gebrauch geeignet. Weltweit wird Wasser aufgrund der Bevölkerungszunahme und des wachsenden Bedarfs zunehmend knapp. Dies gilt in besonderer Weise für Nord-, Ost- und Südafrika und den Nahen Osten (Saudi-Arabien, Iran, Afghanistan). Nach einer amerikanischen Studie hat 1/3 der Menschen in den Entwicklungsländern schon jetzt keinen sicheren Zugang zu sauberem Trinkwasser. 2/3 aller Haushalte der Erde müssen sich ihr Wasser „im Freien" besorgen.

Aber auch in Industrieländern wird Wasser zum Problem: Weltweit ist der Wasserbedarf in den letzten Jahren um das 40fache gestiegen! Brunnen in den USA zum Bewässern der Felder müssen immer tiefer gegraben werden; unter Peking fällt der Wasserspiegel jährlich um 1–2 m.

Die knappe Resource Wasser wird zum Konfliktherd z.B. zwischen Israel und Jordanien (um das Wasser des Jordan) oder zwischen der Türkei und dem Irak (Problem Euphrat).

c) Wasser als Urstoff des Lebens

Wasser ist Ausgangspunkt und Voraussetzung allen Lebens – Kosmos und Leben (Mensch / Tier / Pflanze) gehen aus dem Wasser hervor.

Viele Weltentstehungsmythen (Kosmogonien) lassen folglich die Welt / den Kosmos aus Urwassern als Quellen und Ursprung hervorgehen:

– Abgründige, von Finsternis überlagerte Urflut ist nach *Genesis 1* das Ausgangsmaterial der Schöpfung.
– In einer *babylonischen Kosmogonie* geht das Universum aus einer Trennung von „Apsu", dem unterirdischen Süßwasserozean, und „Tiamat", dem von Ungeheuern bewohnten salzigen Meer hervor. Aus dieser großen Teilung entstehen in dramatischen Prozessen in immer neuen Zeugungen und Trennungen die anderen Götter und die Baustoffe des Universums (Vgl. Die Schöpfung. Welt und Umwelt der Bibel, Nr. 2/1996, S. 9ff. – Die Schöpfungsmythen 1, Wissenschaftliche Buchgesellschaft, Darmstadt 1980, S. 121ff).
– Eine *indische Mythe* lässt die Welt aus einer Lotosblüte hervorgehen, die auf dem Urmeer schwimmt. – In einer anderen zieht Vishnu die Erde aus der Tiefe des Urwassers hervor.
– „Wir haben alles durch das Wasser lebendig gemacht", heisst es im *Koran* (Sure 21,30).

d) Wasser als Lebensspender

Wasser ermöglicht und erhält Leben, ja „Wasser" und „Leben" können zu Synonymen werden. Heil-Quellen verstärken die Anschauung, dass im Wasser Leben, Gesundheit, ewige Jugend („Jungbrunnen") und Unsterblichkeit gefunden werden können. Fließendes Wasser ist „lebendiges Wasser".

Wasser hat gleichsam magische Kräfte: Vgl. das Wasser aus Lourdes oder Joh 5,1ff (Heilung eines Kranken am Teich Bethesda) oder 9,1ff (... am Teich Siloah).

Doch das „Wasser des Lebens" findet nur, wer „dreimal sieben Tagereisen" auf sich nimmt und „begehrt ohne Begehrlichkeit" (Der schreiende Berg. Nach einem Märchen aus Tausendundeiner Nacht, in: H. Halbfas, Der Sprung in den Brunnen, Patmos, Düsseldorf 1992[11], S.46ff) bzw. alle Überheblichkeit ablegt („Das Wasser des Lebens").

e) Wasser als Symbol

Drei Traditionen sind hier im Sinne religiöser Ableitungen wichtig:

– Wasser als *Metapher für Fülle / Erquickung / Überfluss* im Erwartungshorizont der messianischen Zeit (wie umgekehrt der Mangel an Wasser „Leere", „Dürre", „Tod" bedeutet):

„Ich will Wasser gießen auf das Durstige und Ströme auf das Dürre: Ich will meinen Geist auf deine Kinder gießen und meinen Segen auf deine Nachkommen, dass sie wachsen sollen wie Gras zwischen Wassern, wie die Weiden an den Wasserbächen ..." (Jes 44,3f).

„Ich will Wasserbäche auf den Höhen öffnen und Quellen mitten auf den Feldern und will die Wüste zu Wasserstellen machen und das dürre Land zu Wasserquellen ..." (Jes 41,18).

– Wasser als *Sinnzeichen für Tod und Vernichtung*:

„Ich will eine Sintflut kommen lassen, zu verderben alles Fleisch, darin Odem des Lebens ist, unter dem Himmel ..." (Gen 6,17ff).

„Da reckte Mose seine Hand aus über das Meer, und das Meer kam gegen Morgen wieder in sein Bett, und die Ägypter flohen ihm entgegen. So stürzte der Herr sie mitten ins Meer ..." (Ex 14,27ff).

„Gott, hilf mir! Denn das Wasser geht mir bis an die Kehle. Ich versinke in tiefem Schlamm, wo kein Grund ist, ich bin in tiefe Wasser geraten, und die Flut will mich ersäufen ..." (Ps 69,2ff).

„Und es erhob sich ein großer Windwirbel,

und die Wellen schlugen in das Boot, so dass das Boot schon voll wurde ..." (Mk 4, 35ff).

– (Tauf-)Wasser als *Medium der (Ver-)Wandlung und Erneuerung*

Das Wasser der Taufe ist mehrfach symbolisch besetzt:

Wasser *reinigt*, auch von Sünden und ritueller Unreinheit (vgl. die rituellen Waschungen im Judentum (Mikwe), im Islam (z.B. vor jedem Zeremonialgebet) und im Hinduismus.

Wasser *tötet*: den alten (schuldbeladenen) Menschen, der in der Taufe mit Christus stirbt.

Wasser *verwandelt* und stiftet neues Leben: „Im Wasser löst sich alles auf, jede Gestalt wird desintegriert, jede „Geschichte" aufgehoben. Was vor dem Eintauchen noch real war, ist nachher aufgehoben. Auf der individuellen Ebene symbolisiert das Eintauchen den Tod, auf kosmischer Ebene die universelle Katastrophe, die Sintflut. Das Wasser hat in seiner auflösenden Wirkung die Kraft, zu reinigen, neu zu schaffen und wieder zu gebären ..." (Arbeitsheft Weltmission '93, Hamburg 1993, S. 62).

f) Wasser ist heilig – Wasser ist ein Geschenk

Der Häuptling Seattle vom Stamm der Duwanisch-Indianer in seiner visionären Rede aus dem Jahr 1854 (Version von 1870/71):

„Wie könnt ihr den Himmel oder die Wärme der Erde kaufen oder verkaufen? Diese Vorstellung ist uns fremd. Wenn wir die Frische der Luft und das Glitzern des Wassers nicht besitzen, wie könnt ihr sie dann von uns kaufen? ...

Jeder Teil dieser Erde ist meinem Volk heilig...

Dieses glitzernde Wasser, das in den Flüssen und Bächen fließt, ist nicht nur Wasser, sondern auch das Blut unserer Vorfahren ...

Wenn wir euch Land verkaufen, müsst ihr daran denken, dass es heilig ist und dass jede schemenhafte Spiegelung im klaren Wasser der Seen von Ereignissen und Erinnerungen im Leben meines Volkes erzählt. Das Murmeln des Wassers ist die Stimme meiner Väter.

Die Flüsse sind unsere Brüder, sie löschen unseren Durst. Die Flüsse tragen unsere Boote und ernähren unsere Kinder ...

Der Mensch hat das Gewebe des Lebens nicht erschaffen. Er ist in ihm lediglich eine Faser. Was immer er diesem Gewebe antut, tut er sich selbst an."

(aus: Rudolf Kaiser, Die Erde ist uns heilig. Herder Spektrum, Freiburg i. Br. 1996[4], S. 83–92 i. A.)

2. Literatur und Medien

- S. Beringer, *Wasser Werkstatt – Wasser entdecken, erforschen, erfahren,* ZYTGLOGGE, Bern 1995[2]
- P. Biehl u.a., *Symbole geben zu lernen III – Zum Beispiel: Brot, Wasser und Kreuz.* Beiträge zur Symbol- und Sakramentendidaktik, (Wege des Lernens 9), Neukirchener, Neukirchen 1993, S. 116ff
- M. Eliade, *Die Religionen und das Heilige. Elemente der Religionsgeschichte,* Insel, Frankfurt/M. 1989[2], S. 221ff
- D. Forstner, *Die Welt der christlichen Symbole,* Tyrolia, Innsbruck/Wien 1986, S. 69ff
- U. Früchtel, *Mit der Bibel Symbole entdecken,* Vandenhoeck & Ruprecht, Göttingen 1991, S. 19ff
- I. Jäger-Gutjahr, *Unser Wasser und wir. Fächerverbindendes Unterrichtsmaterial zur ökologischen Erziehung im 3. bis 6. Schuljahr,* (Unterrichtsideen), Klett Grundschulverlag, Leipzig u.a. 1996
- F. Johannsen, *Was der Regenbogen erzählt. Wasser – ein biblisches Symbol,* Gütersloher Verlagshaus, Gütersloh 1987, S. 19ff
- M. u. U.Tworuschka, Hg., *Symbole in den Religionen der Welt,* Kaufmann/Butzon & Berckcr, Lahr 1996, S. 86ff
- *Versuche 10 – Thema: Wasser – Natur und Umwelt,* Beratungsstelle für Gestaltung, Eschersheimer Landstr. 565, Frankfurt/M.
- *Wasser erleben und erfahren. Das Element Wasser in der Grundschule,* Verlag an der Ruhr, Mülheim 1990
- *Wasser erspielen und erfahren. Das Element Wasser im Kindergarten,* Verlag an der Ruhr, Mülheim 1990
- *Wasser ist mehr als nass,* (Bausteine Kindergarten 1/89), Bergmoser + Höller, Aachen
- *Wasser – Eine globale Herausforderung,* Ein Misereor-Buch, Horlemann, Aachen 1996
- *Wasser – Quelle des Lebens.* Materialmappe, UNICEF, Köln 1992
- G. u. N. Weidinger, *Gesten, Zeichen und Symbole im Gottesdienst,* Kösel, München 1980, S. 77ff.110ff
- J. Zink, *Erde, Feuer, Luft, Wasser. Der Gesang der Schöpfung und das Lied des Menschen,* Kreuz, Stuttgart 1986

Dias
- W. Flemer, *Augenblicke in der Wüste.* 12 Dias mit Meditationen, Kösel, München 1984
- G. Grosche, *Wasser – Zeichen des Lebens,* 12 Dias, f., Kassette, Begleitheft, av edition
- E. Gruber, *Wasser ist Leben.* Dia-Meditation, 8 Dias, impuls studio, München/Hildesheim o.J.
- *Lebensgut Wasser,* 30 Dias, f., Begleitheft, (Zur Fastenaktion '96 „Jeder Tropfen zählt"), MISEREOR, Aachen 1996
- G. u. N. Weidinger, *Gesten, Zeichen und Symbole im Gottesdienst.* Diaserie mit didaktisch-methodischcr IIinführung, Köscl, Münchcn 1981, S. 21ff und Dias Nr. 9-13

Film
- *Jeder Tropfen zählt.* Video-Montage, MISEREOR, Aachen 1996

Kassette
- *Wasser Geräusche Spiel.* 24 Bildkarten und Tonkassette, Verlag an der Ruhr, Mülheim o.J.

3. Bezüge zu Religionsunterricht praktisch

Hauptbezüge

– Band 3, S. 80: Schilfmeer
– Band 4, S. 11ff: Schöpfung
   S. 51ff: Noah
   S. 148ff: Sturmstillung – Taufe – Ein Afrikaner wird getauft
   S. 167ff: Jona

Nebenbezüge

– Band 4, S. 182ff: Islam
– *Feste feiern mit RU praktisch*
   S. 69ff: Himmelsbogen – Lebenszeichen
   S. 77ff: An der Quelle des Lebens
– *Schulgottesdienste mit RU praktisch*
   Band 1 S. 35ff: Swimmy
      S. 63ff: Neues Leben unterm Regenbogen
      S. 73ff: Laudato si ...
   Band 2 S. 61ff: Jona
      S. 85ff: Regenbogen – Hoffnungszeichen
   S. 95ff: Am Brunnen des Lebens

4. Erläuterungen zu den Freiarbeits-Vorschlägen

Zu 5.1 Sprichwörter und Redensarten

Hinweise zu den Materialien:

Die quadratischen Pappscheiben sind etwas größer als die Polaroid-Fotos anzulegen. Auf den rechteckigen Kartonplatten sollen drei der genannten Pappscheiben nebeneinander Platz haben.

Alternative zu den Polaroid-Fotos:

Anstelle der Fotos können auch gemalte Bilder verwendet werden. Dann sollte allerdings die Liste der vorgegebenen Sprichwörter und Redensarten anders zusammengestellt werden.

Weitere Möglichkeiten:

Karten mit Sprichwörtern oder Redewendungen, die gut zeichnerisch dargestellt werden können, bilden die Grundlage für ein „Montagsmaler-Spiel". Nach dem Mischen werden die Karten an die Mitspieler zweier Gruppen verteilt. Beide Gruppen spielen gegeneinander an der Tafel / am Platz auf einem Block.

Zur Erklärung weiterer Sprichwörter und Redensarten in Verbindung mit Wasser und sinnverwandten Begriffen: s. Duden, Bd. 11: Redewendungen und sprichwörtliche Redensarten. Idiomatisches Wörterbuch der deutschen Sprache, Dudenverlag, Mannheim u.a. 1992.

Ausführlicher: L. Röhrich, *Lexikon der sprichwörtlichen Redensarten.* 5 Bände, Herder, Freiburg 1999

Zu 5.2 a) Schriftbilder

Alternatives Beispiel:

Vgl. auch das Beispiel zu 5.2 d)

Zu 5.2 c) Eine „Seerose" erwacht

Je dicker das Papier, um so langsamer entfaltet sich die „Seerose". Ggf. können Sch. in die Innenfläche eine (Wasser-)Liedstrophe, ein (Wasser-)Gebet oder einen (Wasser-)Bibelvers schreiben.

Farbiges Papier wirkt attraktiver als weißes. Den Seerosen lassen sich Blüten, Schwimmkerzen etc. zuordnen, sodass sich eine Installation ergibt.

Eine Parallelgruppe könnte sich mit der „Rose von Jericho" beschäftigen und ihre Beobachtungen aufschreiben:

Diese wundersame Wüstenpflanze sieht in trockenem Zustand völlig unscheinbar graubraun und geschlossen aus. Wenn sie mit (warmem) Wasser in Berührung kommt, öffnet sie sich und nimmt eine sattgrüne Farbe an.

Bezugsquellen:
– Neues Buch Verlag
 Hanauer Nr. 18
 61130 Nidderau/Ostheim
 Best.-Nr. 1500, DM 7,75
 (Stand 08/2000)
– Kunst und Spiel
 Leopoldstr. 48
 80802 München

Die „Rose" ist gelegentlich auch in Gärtnereien erhältlich.

Zu 5.2 d) Wassertexte

Beispiel als Anregung:

WASSER – URELEMENT DES LEBENS

Gerade aus dieser Rolle des Wassers erklärt sich aber auch, warum seine in diesem Buch dargelegte Gefährdung weit gravierender für uns ist und uns direkter berührt, als es manches andere Umweltproblem tut. Das Wasser und sein Schicksal geht uns, die wir also selber zum größten Teil aus Wasser bestehen, bis in unser innerstes Lebensgefüge etwas an. Wir selbst sind Wasser, Wasser ist Teil unseres Lebens. ♠ Und vergleicht man einmal die Rolle des Wassers im Menschen und in der Natur, so kommt man zu verblüffenden Parallelen. Was für den „Organismus Erde" das Wetter, die Niederschläge und Überschwemmungen sind, ist im „Organismus Mensch" die Verdauung und das Schwitzen. Nebel, Dunst und Wolken, ja die ganze pulsierende Atmosphäre finden sich im kleinen in der Atmung wieder. Wenn ihr harmonischer Rhythmus gestört ist, bricht auch unser inneres Klima zusammen. Unsere Flußsysteme erinnern an den menschlichen Blutkreislauf. Beide sind durch Verstopfungen und Vergiftungen gefährdet. Das Grundwasser in der Erde entspricht dem Zellwasser im Körper. Sein „Absinken" ist für beide tödlich. Selbst Filter, Klärwerke und Rückstandverwertung finden wir im Organismus: im System der Nieren. Und wo im großen die Wasserkreisläufe reguliert werden, durch die Vegetation, die Abstrahlung, die Meeresströmungen, Temperaturen, Winde, Hoch- und Tiefdruck, da wirkt in unserem Innern die komplizierte Regulation durch die Hormone der Hypophyse, der Schilddrüse und der Nebenniere. ♠ Selbst rein sprachlich besteht eine enge Beziehung zwischen dem Klima der Erde und der Stimmung des Menschen: freundlich, heiter, trüb, eisig oder aufgetaut, trocken oder stürmisch können Menschen ebenso wie das Wetter sein. Schon das Wort Humor hat seine Wurzel im Lateinischen, wo es Feuchtigkeit bedeutet - die man bei einem „trockenen" Menschen eben nicht findet. ♠ Unsere fünf Kreisläufe mögen ein wenig deutlich gemacht haben, was Wasser für uns Menschen und unseren Lebensraum eigentlich bedeutet. Wasser als unser wichtigstes Lebensmittel zu erkennen, zu schützen und verantwortlich mit ihm umzugehen, ist zu einem dringenden Gebot geworden. Denn ist das Wasser in Gefahr, sind alle Lebewesen in Gefahr. Wir müssen das Unsere dazu beitragen, dem Wasser und seinen Kreisläufen auf unserem Planeten den ihnen gebührenden Respekt zu zollen und alles daranzusetzen, daß dieser wichtigste Bestandteil allen Lebens nicht mutwillig „getötet" wird - für uns und für all die Generationen, die nach uns unsere schöne Erde bevölkern werden.

Zu 5.2 f) Wasserelfchen

Beispiel:

Reinigend

Unser   Wasser

Wasser   ist   Leben

Ich   bin   damit   getauft

Danke!

Zu 5.4 Bilder

Weitere Arbeitsmöglichkeiten mit/an Bildern können z.B. sein: eine Geschichte zum gewählten Bild (je nach Situation / Motiv) schreiben aus der Sicht
– eines Menschen, der zum ersten Mal in seinem Leben das Meer sieht
– eines Bauern
– eines Fischers ...

Zu 5.4 Bilder a)

Wasserbilder enthalten folgende Materialien:

– L. v. Andel u.a., *Das Wasser*, (Der Guckkasten), Saatkorn, Hamburg 1993[4]
– E. Beck, Hg., *Ihr werdet Wasser schöpfen voll Freude. Wasser im Heiligen Land – Gedanken und Bilder*, Kath. Bibelwerk, Stuttgart 1988
– Bundesverband der deutschen Gas- und Wasserwirtschaft, Hg., *Wasser – Unser Leben*, ZfGW-Verlag, Frankfurt/M. o.J.
– *Faszination Wasser*. 30 Postkarten, Praesent Verlag im Weltbild Verlag, Augsburg 1998
– *„Jeder Wasser-Tropfen zählt"*. Sechs der schönsten Motive aus dem Misereor-Malwettbewerb, MISEREOR, Aachen 1996 (Artikel-Nr. 741496)
– R. Schnettler / E. v. Hoorick, *Wasser – Element des Lebens*, missio aktuell, Aachen 1992
– *Wasser ist Leben*. 8 Dias, f., Calig, München
– *„Wasser, Wasser, hurra!"*, Postkarten-Malwettbewerb 1992 des Kindermuseums Wuppertal

Die Bilder wirken noch plastischer, wenn sie vor der Bearbeitung auf blaues Tonpapier geklebt werden.

Zu 5.5 b) Taufstein

Zu **M 7**

a) „Strom des lebendigen Wassers"

Baunatal, Christus-Erlöser-Kirche, Steintaufe von Michael und Christoff Winkelmann 1985

Aus dem Becken fließt Wasser über die Kanten des Taufsteins, um sich auf der Erde, den Paradiesflüssen gleich, in allen vier Himmelsrichtungen auszubreiten. Achteckig ist das Fundament gestaltet, über das sich der Strom des lebendigen Wassers ergießt. Das verweist auf den „achten Schöpfungstag", auf die neue Schöpfung, die mit der Auferstehung Jesu, mit seinem Sieg über den Tod begonnen hat. Mit einfachsten Mitteln sagt dieser Taufstein: Taufe ist Zusage des ewigen Lebens. Nicht die Rückkehr ins Paradies wird verheißen, sondern Wiedergeburt durch die Taufe, Auferstehung von den Toten und das ewige Leben.

(aus: M. Hundsdörffer, Taufe – Die Botschaft der Taufsteine, Katzmann, Tübingen 1998, S. 64)

b) „Die Schlange ist machtlos"

Gilten, St. Pauli und St. Katharinen, Steintaufe, um 1400, mit Bronzebecken, von Siegfried Steege 1973

Die als Wasserbecken gestaltete Schale dieses Taufbeckens ist mit schwimmenden Fischen dicht besetzt. Durch ihr Gewimmel fließen von der Mitte her bis über den Rand die vier Paradiesflüsse breit in die vier Himmelsrichtungen. Das Wasser schenkt, solange die Fische in ihm bleiben, Leben in Fülle. Auf den, der für uns Leben möglich macht, weisen die in Kreuzform angeordneten Wasserströme hin. Im Schnittpunkt des Kreuzes die um den Apfel gerollte Schlange des Sündenfalls; sie erinnert daran, dass der Mensch sich einstmals gegen Gott entschieden hat.

(aus: M. Hundsdörffer, a.a.O., S. 45)

c) „Gottes Wort macht neue Heimat möglich"

Neufahrn, Ev. Kirche, Tontaufe, 1960

Die Flüchtlingsgemeinde Neufahrn, in der niederbayrischen Diaspora nach 1945 entstanden, bekam aus der Schweiz eine Bartningsche Notkirche geschenkt, eine Kirche aus Fertigbauteilen also, die von der Gemeinde auf selbst erstelltem Fundament zusammengesetzt wurde. Die Inneneinrichtung zu beschaffen, blieb Aufgabe der Gemeinde. So wurde das Taufbecken nicht aus gewachsenem Stein, sondern aus Ton hergestellt, der in den ortsansässigen Dachziegelwerken gebrannt wurde. An den Seiten deutet herabfließendes Wasser die vier Paradiesströme an. Die von vielen Gemeindegliedern mitgebrachten Hausschlüssel, Symbole ihrer Vertreibung, wurden eingesammelt und rings um das Taufbecken aufgehängt. Die Schlüssel erinnern an die alte Heimat, wie die Taufschale an die himmlische Heimat denken lässt. Hier ist neue Heimat Wirklichkeit geworden.

(aus: M. Hundsdörffer, a.a.O., S. 98)

d) „Rettung aus dem Reich des Todes"

Freckenhorst, ehem. Stiftskirche, Steintaufe 1129

Der figürliche Schmuck dieses Taufbeckens ist in zwei Zonen aufgeteilt. Ein Schriftband (mit dem Datum der Kirchweihe), trennt die beiden Bereiche. Während oben Gottes Heilsplan in sieben Bogenfeldern bildlich entfaltet wird, versuchen unten sechs Löwen vergeblich, gegen das Heil aufzubegehren.

Unser Bildausschnitt zeigt zwei Osterszenen in einer Darstellung vereint: Christi Abstieg in das Reich des Todes und die Verkündigung seiner Auferstehung durch den Engel am leeren Grab. Rechts sitzt der Engel auf dem geöffneten Sarkophag. In der linken Hand hält er eine Schriftrolle. Die erhobene Rechte bezeugt: „Er ist auferstanden, er ist nicht hier." Die Frauen, denen der Engel diese Botschaft verkündet (Mk 16,6), sind nicht dargestellt. Statt auf sie blickt der Engel auf die Gestalt des Auferstandenen in der Mitte des Bildfeldes. Christus hält in der Linken den Kreuzstab, den Schlüssel zum Reich des Todes: Die Tür ist aus den Angeln gehoben, und Christus geleitet, mit beiden Füßen auf ihr stehend, zwei nackte Menschen durch das offene Tor. Die Überlieferung sieht in ihnen Adam und Eva, die als erste aus dem Reich des Todes befreit werden.

Links hockt, bocksfüßig und gehörnt, der Fürst der Hölle, an Händen und Füßen gefesselt und an eine Säule angekettet. Er ist durch Christus entmachtet für alle Zeit: Nicht nur den bereits Gestorbenen, sondern allen hier Getauften – das sagt uns dieses Bild – ist Heil und Leben geschenkt von dem, der die Macht der Sünde und des Todes überwunden hat.

(aus: M. Hundsdörffer, a.a.O., S. 41)

Bildbände / Bücher zum Thema „Taufe"

- H. Freudenberg, *Taufe – Wasser zum Leben*, Vandenhoeck & Ruprecht, Göttingen 1999²
- A. Grün, *Taufstätten – Quellen des Lebens*, Echter, Würzburg 1988
- M. Hundsdörffer, *Taufe – Die Botschaft der Taufsteine*, Katzmann, Tübingen 1998
- R. Schindler, *Steffis Bruder wird getauft*, (Religion für kleine Leute), Kaufmann, Lahr 1980

Zu 5.6 Wasser in den großen Religionen

Die richtige Zuordnung lautet:
A 3   B 4   C 2   D 1

Zu 5.7 Musik – Lieder – Tanz

Der Mayim-Tanz ist z.B. auf folgendem Tonträger enthalten: Langspielplatte „Internationale Volkstänze A", Best.-Nr. 7612 8, Seite B, Nr. 19, Kallmeyer, Wolfenbüttel o.J.

Eine Beschreibung des (in der Regel für die Grundschule zu schwierigen) Tanzes bietet: M. Koppel / F. Meyer, Hg., 20 internationale Volkstänze für Jugendliche und Erwachsene A 2. Tanzanleitungen, Kallmeyer, Wolfenbüttel 1981, S. 35.

Hinweise auf thematische, klassische Umsetzung:
- Antonio Vivaldi, La tempesta di mare (der Meeressturm)
- Friedrich Smetana, Die Moldau
- Edvard Grieg, Bächlein
- Claude Debussy, La mer (das Meer) und Reflets dans l'eau (Reflexe im Wasser)
- Maurice Ravel, Jeux d'eaux (Wasserspiele)
- Georg Friedrich Händel, Wassermusik

Lieder mit dem Motiv des „Wassers" u.a.:
- „Auf der Suche nach dem Leben ..." (SL 100)
- „Ins Wasser fällt ein Stein" (SL 150)

Weitere Freiarbeitsmöglichkeiten

Einen Erlebnisparcours zum Thema „Wasser" entwickeln und aufbauen (s. S. Berg, Biblische Bilder und Symbole entfalten, S. 207f).

Wasser in Ländern der „Dritten Welt"
Infomaterial, z.B.
- M. Bulang-Lörcher / H.-M. Große-Oetringhaus, *Aminatas Entdeckung*, Arbeitskreis Grundschule, Frankfurt/M. 1994²
- Franziskaner Mission, H. 3/1999: *Wasser ist Leben*, Franziskaner Mission Werl, Postfach 1342, 59443 Werl
- Vgl. dazu auch die Arbeitshilfe zur Kinderfastenaktion 1995, MISEREOR, Aachen 1995

Ein Abschluss-Mandala legen
Im Anschluss an die Präsentation der Arbeitsergebnisse kann man mit der folgenden Übung das Thema bündelnd abschließen:

Benötigt werden:
- Kett-Legematerialien
- selbst gesammelte Legematerialien (Federn, Kastanien, glitzernde Sterne, Wattebäusche, kurze Dornenäste, Geldstücke, Muggelsteine, Muscheln, Blüten ...)
- eine Kombination aus o.g. Legematerialien
- ggf. die „Rose von Jericho" (s.o. die Hinweise zu 5.2)

Vorbereitung: Ein großes Tuch, darauf mittig eine Kerze. Die Körbe mit Legematerialien stehen für die Kinder gut sichtbar bereit. Die Sch. sitzen im Kreis um das Tuch.

Durchführung (am Beispiel „Wasser")
Ein Sch. nennt, was ihm am Symbol Wasser wichtig ist und wählt einen Gegenstand, mit dem er diese Aufgabe des Wassers assoziiert, z.B. „Im Wasser kann ich schwimmen, deshalb lege ich ein Holzstück." Jeder Sch. nimmt sich nun ein Holzstück, gleichzeitig werden die Hölzer im Kreis gleichmäßig um die Kerze gelegt.

So entsteht nach und nach ein symmetrisches Mandala.

5. Freiarbeitsvorschläge

5.1 Sprichwörter und Redensarten

Ihr benötigt: – Liste mit Sprichwörtern und Redensarten (**M 1**)
– Quadratische Pappscheiben
– Rechteckige Kartonplatten
– Lineal, Bleistift, Füller, Radiergummi, Schere
– Laminiergerät
– Evtl. Buntstifte
– Ein vorbereitetes Lösungsblatt, das eine Gegenüberstellung der ausgewählten Sprichwörter bzw. Redensarten und ihrer Erklärungen enthält (**M 2**)
– Sofortbildkamera

Arbeits-
vorschläge: Ziel eurer Arbeit soll es sein, Karten mit den Sprichwörtern, mit ihren Erklärungen und den fotografierten „Lebenden Bildern" in einem Memory- oder Dominospiel einander zuzuordnen.

– Lest euch die Sammlung von Sprichwörtern und Redensarten durch (**M 1**).
– Überlegt euch, welche ihr als „Lebendes Bild" darstellen möchtet. Sucht euch 12 Sprichwörter / Redensarten aus.
– Stellt diese dar und fotografiert jedes einzelne Bild mit einer Sofortbildkamera.
– Klebt jedes Foto auf eine quadratische Pappe.
– Beschriftet passend zu jedem Foto zwei weitere quadratische Pappscheiben (mit Lineal und Bleistift Linien vorziehen / mit Füller beschriften / Linien ausradieren).
Auf der 1. Pappe steht die dargestellte Redewendung, auf der 2. Pappe die Erklärung.
– Unterteilt die 12 rechteckigen Kartonscheiben in drei gleich große Quadrate.
– Laminiert alle vorbereiteten Pappplatten.

Spielmög-
lichkeiten: – Legt auf das mittlere Feld jeder Spielkarte jeweils eine Fotokarte.
                – Welche Redewendung und welche Erklärung passt dazu? Legt diese Kar-
                   ten links (Redewendung) und rechts (Erklärung) neben die Fotokarte.
                   Kontrolliert zum Schluss mit dem Lösungsblatt (**M 2**).
                – Spielt mit den Bild- und den Redewendungs-Karten Memory.
                – Spielt mit den Redewendungs- und Erklärungs-Karten Memory.
                – Legt jeweils ein Foto auf jedes rechte Feld einer Spielkarte. Legt die Karten
                   mit den passenden Redewendungen auf das mittlere Feld. Die Karten mit
                   den Erklärungen werden nun gemischt und wahllos auf den noch freien,
                   rechten Feldern abgelegt.

Achtung: 1. Die Erklärungen dürfen nicht zu den bereits auf den Karten
                befindlichen Redewendungen passen!
            2. Überlegt euch, was zu beachten ist, damit alle Karten verwen-
                det werden können und die Domino-Reihe nicht unterbro-
                chen wird! Nun könnt ihr mit den Karten Domino spielen. An
                jede Bildseite muss links die Spielkarte mit der passenden
                Erklärung angelegt werden.

Beispiel:

Bild A	Redew. A	Erkl. D	Bild D	Redew. D	Erkl. H	Bild H	Redew. H	Erkl. B

5.2 Gestalten / Schreiben

a) Schriftbilder

```
                        WASSER
                          WASSER
                            WASSERGLAS
                    OSTER WASSER
                          WASSER
                        WASSERPFLANZE
                WEIHWASSER
                   WASSER
                 WASSER
               WASSER
                WASSERSCHEU
                 WASSER
                   WASSER
                     WASSER
                     WASSER
                    WASSER
                   WASSER
                  WASSER
                WASSER
                WASSER
                WASSER
                 WASSER
                   WASSER
```

Arbeits-
vorschlag: –   Suche weitere Wörter für den „Wasserlauf".

b) Wie Wasser sein kann

Arbeits-
vorschlag: –   Schreibe in die Buchstaben, <u>wie</u> Wasser sein kann (was Wasser
                   kann, ist ...).

c) Eine „Seerose" erwacht

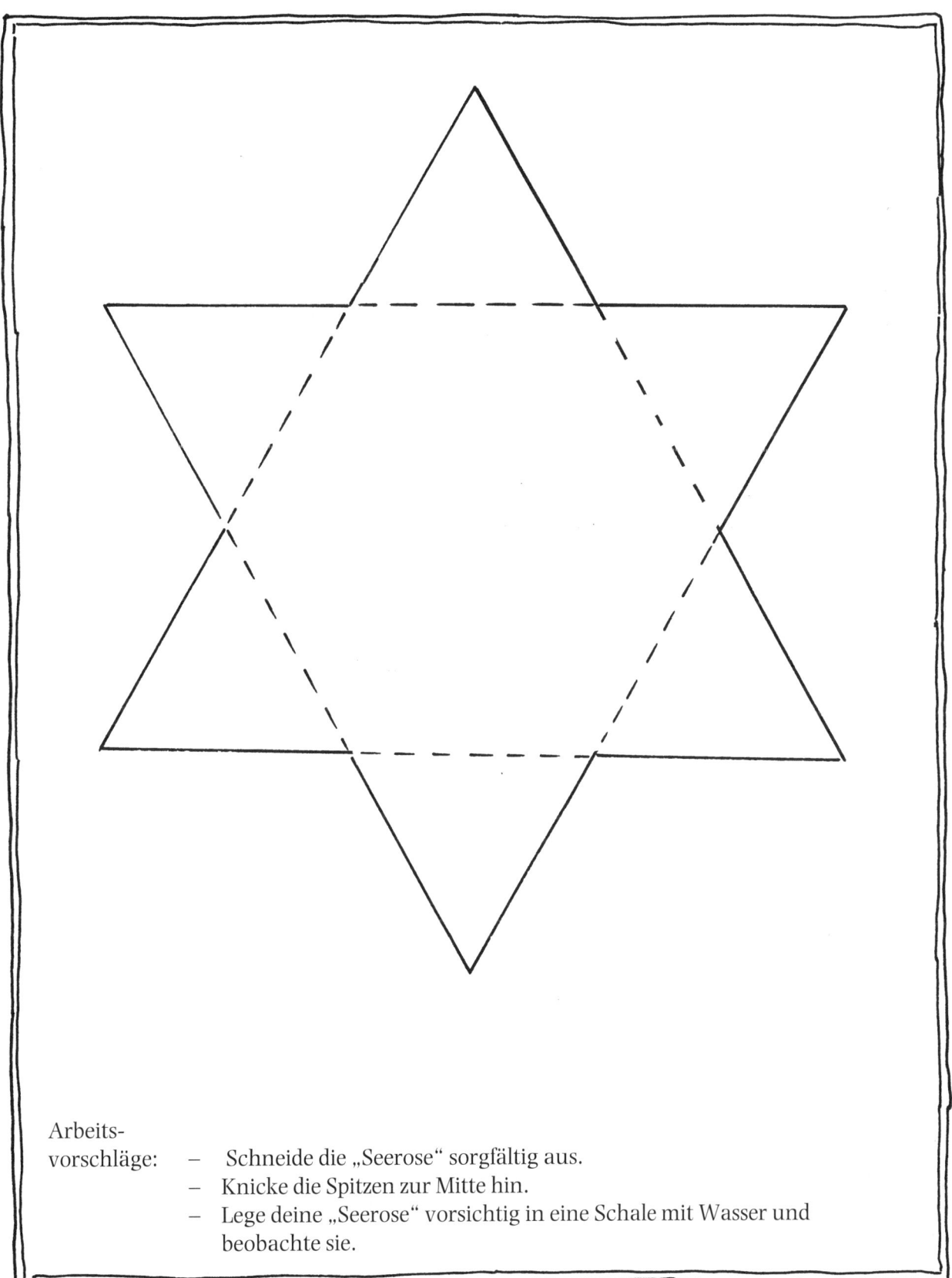

Arbeits-
vorschläge: –   Schneide die „Seerose" sorgfältig aus.
              –   Knicke die Spitzen zur Mitte hin.
              –   Lege deine „Seerose" vorsichtig in eine Schale mit Wasser und
                  beobachte sie.

d) Wassertexte

Du benötigst: – Textauswahl (**M 3 a-d**)
                   – Zeichenblatt DIN A4
                   – Wasserfarben / Aquarellfarben
                   – Pinsel

Arbeits-
vorschläge: – Grundiere dein Zeichenblatt nach der Nass-in-Nass-Technik:
                     * Befeuchte dein Blatt mit einem nassen Schwamm.
                     * Verdünne deine ausgewählte Farbe mit viel Wasser.
                     * Pinsele dein feuchtes Blatt mit der Farbe in Streichrichtung!
                     * Lass dein Bild trocknen.
                   – Lies in der Zwischenzeit die Texte.
                      Überlege dir eine „Form" / Rahmen, in die du deinen Text hineinschreiben möchtest (z.B. Wassertropfen, Brunnen, Quelle ...).
                   – Zeichne deine Form formatfüllend auf dein getrocknetes Blatt.
                      Schreibe deine ausgewählte Geschichte hinein.

e) Wasser hat zwei Seiten

Du benötigst: – Zeichenpapier
                   – Wasserfarbe / Pinsel
                   – Stifte

Arbeits-
vorschlag: – Falte ein Blatt quer in der Mitte. Male auf eine Hälfte deines Blattes einen halbierten Wassertropfen (mit Wasserfarbe). Falte das Blatt und drücke beide Hälften gut zusammen. Öffne das Blatt und lass das Bild trocknen.

                      Betrachte dein Bild und überlege: Wasser kann zwei Seiten haben. Schreibe in den Tropfen, wie gegensätzlich Wasser sein kann (z. B. kalt – warm).

f) Wasserelfchen

————

————   ————

————   ————   ————

————   ————   ————   ————

————

Arbeits-
vorschlag: Schreibe ein Wasser-Elfchen.

g) Avenidas

W _ _ _ _ R

A _ _ _ _ E

S _ _ _ _ S

S _ _ _ _ S

E _ _ _ _ A

R _ _ _ _ W

Arbeits-
auftrag: Bilde durch sinnvolle Ergänzungen aus den Anfangs- und Endbuch-
                  staben neue Wörter (z.B. WetteR oder WeckeR oder WeiheR).

5.3 Biblische Wassergeschichten

Ihr benötigt: – **M 4 a–c** (Biblische Wassergeschichten) – zum Vergleichen und Ergänzen
– Mal-Utensilien
– (Bibel)

Arbeits-
vorschläge: – Viele biblische Geschichten sind Wassergeschichten.
Welche kennt ihr? (Denkt zuerst selbst nach und schreibt auf.
Vergleicht dann mit **M 4** und ergänzt.)

....

....

....

– Welche *Bedeutung* hat Wasser in den einzelnen Geschichten?
Legt eine Tabelle nach dem folgenden Beispiel an:

Biblische Geschichte	Bedeutung des Wassers
„Er führet mich zum frischen Wasser" (Psalm 23).	Erfrischen, erquicken
Wasser aus dem Felsen (2. Mose 17)	Leben retten, vor dem Tod bewahren
....	

– Wählt einige Geschichten aus und malt Bilder dazu (z.B. Nass-in-Nass).
Denkt euch eine Form aus, in der eure Bilder vorgestellt werden sollen
(z.B. Hungertuch – Puzzle – Tischdecke – Buch – Leporello ...)

5.4 Bilder

Bilder a)

Du benötigst: Wasserbilder

Arbeits-
vorschläge: –   Suche zusammenpassende Bilder / Fotos und schreibe dazu passende
                       Überschriften (z.B. Wasser ist Leben – Wasser ist Bedrohung).

                   oder
                   –   Suche dir ein Bild aus, das dich besonders anspricht und schreibe deine
                       Gedanken dazu auf.

                   oder
                   –   Wähle ein Bild aus. Stelle dir vor, du bist ein Wassertropfen. Fange an zu
                       erzählen und deine Geschichte aufzuschreiben (**M 5**): „Ich bin ein Was-
                       ser-tropfen und ...“ Schneide den Tropfen aus.

                   –   Wähle dir Bilder / Fotos aus und erstelle eine Collage:
                       * Wasser dient den Menschen
                       * Wasser macht Spaß
                       * Wasser ist Leben
                       * Wasser ist Bedrohung

Bilder b)

Wähle eines der Bilder aus **FM 3** aus
und klebe es hierher.

Arbeits-
vorschlag: –   Suche dir ein Bild aus und
  a) schreibe deine Gedanken und Gefühle auf *oder*
  b) drücke deine Gedanken / Gefühle mit Orff'schen-Instrumenten aus.

Bilder c)

Du benötigst: – Bild b) aus **FM 3**
                – Zeichenpapier DIN A 3 oder DIN A 4
                – Jaxon-Kreide / Dickis / Wachsmaler oder Filzstifte

Arbeits-
vorschlag: Klebe das Bild auf eine Stelle des Zeichenpapiers und male es weiter.

5.5 Taufe – Wasser zum Leben

a) Taufe

Arbeits-
vorschläge: –   Warst du schon einmal bei einer Taufe? Erzähle!
               –   Welche Bedeutung hat das Wasser bei der Taufe? Lies dazu auch **M 6**.
               –   Wie wird das Wasser genutzt?
               –   Schreibe auf, was noch zur Taufe gehört.

b) Taufstein

Du benötigst: **M 7**

Arbeits-
vorschlag: Sieh dir die vier Bilder von Taufsteinen (**M 7**) an und überlege, warum die Künstler die Taufsteine so gestaltet haben? Was siehst du? Schreibe auf! (Vielleicht helfen dir die folgenden Überschriften: „Die Schlange ist machtlos" – „Rettung aus dem Reich des Todes" – „Strom des lebendigen Wassers" – „Gottes Wort macht neue Heimat möglich")

5.6 a) Wasser in den großen Religionen

In vielen Religionen ist Wasser wichtig. Dabei steht die symbolische Bedeutung des Wassers im Vordergrund. An vielen Beispielen kannst du das genauer untersuchen.

Du benötigst: – Bildblatt **M 8**

– Textblatt **M 9**

Arbeits-
vorschläge: – Ordne Texte und Bilder einander zu.

– Bei welchen Gelegenheiten ist Wasser von Bedeutung im Leben von

* Hindus: _____

_____

* Juden: _____

_____

* Christen: _____

_____

* Muslimen: _____

_____

– Welche Aufgabe hat hierbei das Wasser für:

* Hindus: _____

_____

* Juden: _____

_____

* Christen: _____

_____

* Muslime: _____

_____

5.6 b) Wasser in den großen Religionen

Ihr benötigt: –   Bildblatt **M 8**
                –   Textblatt **M 9**

Rollenspiel:

Lest die folgende Geschichte und spielt sie weiter. In ihr sollt ihr die Informationen zum Thema „Wasser in den Weltreligionen" verwenden.

„,Julia, lass das Wasser nicht so lange laufen, das ist doch teuer!', ruft die Lehrerin. ,Oder vergesst ihr, wie wertvoll Wasser ist?'

Darauf meldet sich Sven: ,Mein Vater regt sich immer auf, wenn die Wasserrechnung kommt.'

,Und wir gießen unsere Blumen immer mit Regenwasser, so können wir Geld sparen', ruft Tim dazwischen.

Jetzt meldet sich Regina: ,Aber Wasser ist doch nicht nur kostbar, weil es Geld kostet, mit Wasser werden Menschen doch getauft!' Die Lehrerin nickt ruhig dazu: ,Da hast du was Richtiges gesagt, Regina!'

Auf einmal sausen mehrere Finger in die Höhe ..."

5.7 Musik – Lieder – Tanz

Ihr benötigt: – Kassette mit „Mayim-Tanz"
Kassettenrecorder für Vorschlag 1
– Gymnastiktücher
– Orff-Instrumente für Vorschlag 2
– dünnwandige Gläser für Vorschlag 3

Arbeits-
vorschläge: 1. Denkt an das Thema der letzten Unterrichtsstunden („Wasser") und hört dazu die Kassette. (Sie enthält einen Tanz aus Israel zum Thema „Wasser" – auf Hebräisch heisst Wasser „mayim".)

Versucht die Musik in Bewegung umzusetzen.

2. Benutzt Orff-Instrumente, um Wasser hörbar zu machen (Ihr könnt Tücher als Hilfe benutzen.).

Wenn ihr mögt: Gestaltet die Mitte (Blumen/ Stein / Kerze ...) und denkt euch um diese Mitte eine Musik / einen Tanz aus.

3. Baut mit Gläsern, die ihr unterschiedlich hoch mit Wasser füllt, eine Wasser-Harfe. Fahrt mit einem feuchten Finger an den Glasrändern entlang. Lauscht der „Musik".

Sprichwörter und Redensarten

Das Wasser steht ihm bis zum Hals.

Mir läuft das Wasser im Mund zusammen.

Sie ist mit allen Wassern gewaschen.

Das war ein Schlag ins Wasser.

Ich freue mich wie ein Schneekönig.

Er hat mich im Regen stehen lassen.

Das ist doch Schnee von gestern.

Sie hält sich mühsam über Wasser.

Er hat nahe am Wasser gebaut.

Nach einem Rettungsring Ausschau halten.

Sich wie ein Fisch im Wasser wohl fühlen.

Wie Feuer und Wasser.

Bei Wasser und Brot sitzen.

Wasser löscht allen Durst.

Etwas ist ins Wasser gefallen.

Wasser in ein Sieb / mit einem Sieb schöpfen.

Gegen den Strom schwimmen.

Stille Wasser sind tief.

Das ist Wasser auf meine Mühle.

Lösungsblatt

Das Wasser steht ihm bis zum Hals.	Er ist in größten Schwierigkeiten.
Mir läuft das Wasser im Mund zusammen.	Ich bekomme großen Appetit auf etwas / Ich habe großes Verlangen nach etwas.
Er ist mit allen Wassern gewaschen.	Er ist sehr gerissen / kennt alle Tricks.
Das war ein Schlag ins Wasser.	Das war ein Misserfolg / umsonst.
Ich freue mich wie ein Schneekönig.	Ich freue mich sehr.
Er hat mich im Regen stehen lassen.	Er hat mich in einer schwierigen Situation allein gelassen / ... hat mir nicht geholfen.
Das ist doch Schnee von gestern.	Das ist nicht mehr aktuell.
Sie hält sich mühsam über Wasser.	Sie erhält mühsam das eigene Leben / ... kämpft ums Überleben.
Er hat nahe am Wasser gebaut.	Er bricht leicht in Tränen aus.
Nach einem Rettungsring Ausschau halten.	Nach Hilfe Ausschau halten.
Sich wie ein Fisch im Wasser wohl fühlen.	Sich sehr wohl fühlen.
Wie Feuer und Wasser.	Sehr gegensätzlich sein.
Bei Wasser und Brot sitzen.	Im Gefängnis sein.
Wasser löscht allen Durst.	Bei großem Durst schmeckt auch Wasser.
Etwas ist ins Wasser gefallen.	Etwas ist ausgefallen, findet nicht statt.
Wasser in ein Sieb / mit einem Sieb schöpfen.	Sich mit etwas Aussichtslosem abmühen.
Gegen den Strom schwimmen.	Sich anders verhalten als die meisten Menschen.
Das ist Wasser auf meine Mühle.	Das bestätigt meine Meinung.

Wassertexte   **M 3**

a) Der Regentropfen
(Legende aus dem Niger)

„Ein Regentropfen fiel in die Hand eines Kindes und sprach zu ihm: ‚Schließ deine Hand, damit ich nicht sterbe, und lauf zu den Hügeln mit den Bäumen, dort lass mich frei. Ich werde in die Erde dringen und es wird Regen fallen.‘ Das Kind schloss fest seine Hand und rannte zu den Hügeln mit den Bäumen, so schnell es konnte. Als es ankam und seine Faust öffnete, war der Regentropfen verdunstet.

Entsetzt lief das Kind zum Dorf zurück und erzählte weinend den Alten, dass der Regentropfen gestorben sei und es nun nie wieder regnen würde. Aber die Alten sagten: ‚Weine nicht, wir werden hier im Dorf Bäume pflanzen, damit der nächste Regentropfen keine Zeit hat zu verdunsten. Wir werden Bäume pflanzen, wir werden Regen haben.‘ "

b) Am Jakobsbrunnen
(Joh 4,7–15)

[7]Da kam eine samaritische Frau, um Wasser zu schöpfen. Jesus sagte zu ihr: Gib mir zu trinken! [8]Seine Jünger waren nämlich in den Ort gegangen, um etwas zum Essen zu kaufen. [9]Die samaritische Frau sagte zu ihm: Wie kannst du als Jude mich, eine Samariterin, um Wasser bitten? Die Juden verkehren nämlich nicht mit den Samaritern. [10]Jesus antwortete ihr: Wenn du wüsstest, worin die Gabe Gottes besteht und wer es ist, der zu dir sagt: Gib mir zu trinken!, dann hättest du ihn gebeten, und er hätte dir lebendiges Wasser gegeben. [11]Sie sagte zu ihm: Herr, du hast kein Schöpfgefäß, und der Brunnen ist tief; woher hast du also das lebendige Wasser? [12]Bist du etwa größer als unser Vater Jakob, der uns den Brunnen gegeben und selbst daraus getrunken hat, wie seine Söhne und seine Herden? [13]Jesus antwortete ihr: Wer von diesem Wasser trinkt, wird wieder Durst bekommen; [14]wer aber von dem Wasser trinkt, das ich ihm geben werde, wird niemals mehr Durst haben; vielmehr wird das Wasser, das ich ihm gebe, in ihm zur sprudelnden Quelle werden, deren Wasser ewiges Leben schenkt. [15]Da sagte die Frau zu ihm: Herr, gib mir dieses Wasser, damit ich keinen Durst mehr habe und nicht mehr hierher kommen muss, um Wasser zu schöpfen.

c) Ein afrikanisches Märchen

Bis spät in die Nacht sitzen sie noch zusammen und erzählen. Da fallen auch Aminatas Großmutter wieder die alten Geschichten ein. Sie hat sie schon oft erzählt, aber jedesmal hören sie sich etwas anders an. Aminata mag Großmutters Geschichten. Die Geschichte von der Quelle hört Aminata besonders gern.

Es herrschte eine große Trockenheit in meinem Dorf. Schon lange war kein Regen mehr gefallen. Zuerst wurde das Gras braun und vertrocknete. Dann verdorrten die Büsche und die kleineren Bäume. Alle Brunnen und Quellen, alle Bäche und Flüsse waren ausgetrocknet. Die Tiere verdursteten. Schließlich verloren selbst die stärksten und ältesten Bäume, deren Wurzeln bis tief in die Erde reichten, ihre Blätter. Nur eine einzige Blume war am Leben geblieben. Denn sie stand neben einer kleinen Quelle, die noch ein paar Tropfen Wasser gab. Doch die kleine Quelle war verzweifelt: „Alles vertrocknet. Alles verdurstet. Alles stirbt. Was kann ich mit meinen wenigen Tropfen daran schon ändern?" Ein alter mächtiger Baobab stand nicht weit entfernt und hörte das Klagen der kleinen Quelle.

„Niemand", sagte er zu ihr, „erwartet von dir, dass du die ganze Wüste zum Blühen bringst. Einer einzigen Blume Leben zu geben, das ist deine Aufgabe."

d) Antoine de Saint-Exupéry:
Wasser ist ein Geschenk

In der Wüste ist Wasser sein Gewicht in Gold wert. Der kleinste Tropfen lockt aus dem Sand den grünen Funken eines Grashalms. Wenn es irgendwo geregnet hat, belebt eine wahre Völkerwanderung die Sahara. Die Stämme ziehen dreihundert Kilometer weit, um zur Stelle zu sein, wenn das Gras wächst . ...

Wasser, du hast weder Geschmack noch Farbe noch Aroma. Man kann dich nicht beschreiben. Man schmeckt dich, ohne dich zu kennen. Es ist nicht so, dass man dich zum Leben braucht: Du selber bist das Leben! Du durchdringst uns als Labsal, dessen Köstlichkeit keiner unserer Sinne auszudrücken fähig ist. Durch dich kehren uns alle Kräfte zurück, die wir schon verloren gaben. Dank deiner Segnung fließen in uns wieder alle bereits versiegten Quellen der Seele. Du bist der köstlichste Besitz dieser Erde. ...

Vor einer Quelle magnesiumhaltigen Wassers kann man verdursten. An einem Salzsee kann man verschmachten. Und trotz zwei Liter Tauwasser kann man zugrunde gehen, wenn sie bestimmte Salze enthalten.

Biblische Wassergeschichten

Aus dem Religionsunterricht der vergangenen Jahre und Monate kennst du folgende biblische Wassergeschichten:

Aus dem Schöpfungslied der Priester (1. Mose 1)

[1]Am Anfang schuf Gott Himmel und Erde. [2]Und die Erde war wüst und leer, und es war finster auf der Tiefe; und der Geist Gottes schwebte auf dem Wasser.

[3]Und Gott sprach: Es werde Licht! Und es ward Licht. [4]Und Gott sah, dass das Licht gut war. Da schied Gott das Licht von der Finsternis [5]und nannte das Licht Tag und die Finsternis Nacht. Da ward aus Abend und Morgen der erste Tag.

[6]Und Gott sprach: Es werde eine Feste zwischen den Wassern, die da scheide zwischen den Wassern. [7]Da machte Gott die Fest und schied das Wasser unter der Feste von dem Wasser über der Feste. Und es geschah so. [8]Und Gott nannte die Feste Himmel. Da ward aus Abend und Morgen der zweite Tag.

[9]Und Gott sprach: Es sammle sich das Wasser unter dem Himmel an besondere Orte, dass man das Trockene sehe. Und es geschah so. [10]Und Gott nannte das Trockene Erde, und die Sammlung der Wasser nannte er Meer. Und Gott sah, dass es gut war.

Noah und die Arche (1. Mose 7ff)

... [17]Und die Sintflut war vierzig Tage auf Erden, und die Wasser wuchsen und hoben die Arche auf und trugen sie empor über die Erde. [18]Und die Wasser nahmen überhand und wuchsen sehr auf Erden, und die Arche fuhr auf dem Wasser ...

Israels Rettung am Schilfmeer (2. Mose 14)

... [21]Als nun Mose seine Hand über das Meer reckte, ließ es der HERR zurückweichen durch einen starken Ostwind die ganze Nacht und machte das Meer trocken und die Wasser teilten sich. [22]Und die Israeliten gingen hinein mitten ins Meer auf dem Trockenen, und das Wasser war ihnen eine Mauer zur Rechten und zur Linken. [23]Und die Ägypter folgten und zogen hinein ihnen nach, alle Rosse des Pharao, seine Wagen und Männer, mitten ins Meer.

[24]Als nun die Zeit der Morgenwache kam, schaute der HERR auf das Heer der Ägypter aus der Feuersäule und der Wolke und brachte einen Schrecken über ihr Heer [25]und hemmte die Räder ihrer Wagen und machte, dass sie nur schwer vorwärts kamen. ...

[28]Und das Wasser kam wieder und bedeckte Wagen und Männer, das ganze Heer des Pharao, das ihnen nachgefolgt war ins Meer, sodass nicht einer von ihnen übrig blieb. [29]Aber die Israeliten gingen trocken mitten durchs Meer, und das Wasser war ihnen eine Mauer zur Rechten und zur Linken.

[30]So errettete der HERR an jenem Tage Israel aus der Ägypter Hand. Und sie sahen die Ägypter tot am Ufer des Meeres liegen. [31]So sah Israel die mächtige Hand, mit der der HERR an den Ägyptern gehandelt hatte. Und das Volk fürchtete den HERRN und sie glaubten ihm und seinem Knecht Mose.

Aus Psalm 23

[1]Der HERR ist mein Hirte, mir wird nichts mangeln. [2]Er weidet mich auf einer grünen Aue und führet mich zum frischen Wasser.

Aus Psalm 104

¹Lobe den HERRN, meine Seele! HERR, mein Gott, du bist sehr herrlich ...

⁵der du das Erdreich gegründet hast auf festen Boden, dass es bleibt immer und ewiglich.

⁶Mit Fluten decktest du es wie mit einem Kleide, ...

¹⁰Du lässest Wasser in den Tälern quellen, dass sie zwischen den Bergen dahinfließen,

¹¹dass alle Tiere des Feldes trinken und das Wild seinen Durst lösche.

¹²Darüber sitzen die Vögel des Himmels und singen unter den Zweigen.

¹³Du feuchtest die Berge von oben her, du machst das Land voll Früchte, die du schaffest.

¹⁴Du lässest Gras wachsen für das Vieh und Saat zu Nutz den Menschen, dass du Brot aus der Erde hervorbringst, ...

²⁴HERR, wie sind deine Werke so groß und viel! Du hast sie alle weise geordnet, und die Erde ist voll deiner Güter.

Aus Jona 1 und 2

1 Es geschah das Wort des HERRN zu Jona, dem Sohn Amittais: ²Mache dich auf und geh in die große Stadt Ninive und predige wider sie; denn ihre Bosheit ist vor mich gekommen.

³Aber Jona machte sich auf und wollte vor dem HERRN nach Tarsis fliehen und kam hinab nach Jafo. Und als er ein Schiff fand, das nach Tarsis fahren wollte, gab er Fährgeld und trat hinein, um mit ihnen nach Tarsis zu fahren und dem HERRN aus den Augen zu kommen.

⁴Da ließ der HERR einen großen Wind aufs Meer kommen, und es erhob sich ein großes Ungewitter auf dem Meer ...

¹⁵Und sie nahmen Jona und warfen ihn ins Meer. Da wurde das Meer still und ließ ab von seinem Wüten. ¹⁶Und die Leute fürchteten den HERRN sehr und brachten dem HERRN Opfer dar und taten Gelübde.

2 Aber der HERR ließ einen großen Fisch kommen, Jona zu verschlingen. Und Jona war im Leibe des Fisches ³und sprach: ...

⁴Du warfst mich in die Tiefe, mitten ins Meer, dass die Fluten mich umgaben. ...

⁷Ich sank hinunter zu der Berge Gründen, ... Aber du hast mein Leben aus dem Verderben geführt ...

Aus dem Traum des Jesaja (Jesaja 35)

¹Die Wüste und Einöde wird frohlocken, und die Steppe wird jubeln und wird blühen wie die Lilien. ...

⁶Denn es werden Wasser in der Wüste hervorbrechen und Ströme im dürren Lande. ⁷Und wo es zuvor trocken gewesen ist, sollen Teiche stehen, und wo es dürre gewesen ist, sollen Brunnquellen sein.

M 4 c

Taufe Jesu
(Markus 1)

[9]Und es begab sich zu der Zeit, dass Jesus aus Nazareth in Galiläa kam und ließ sich taufen von Johannes im Jordan. [10]Und alsbald, als er aus dem Wasser stieg, sah er, dass sich der Himmel auftat und der Geist wie eine Taube herabkam auf ihn. [11]Und da geschah eine Stimme vom Himmel: Du bist mein lieber Sohn, an dir habe ich Wohlgefallen.

Ein Afrikaner wird Christ
(Apostelgeschichte 8)

[27]... Und siehe, ein Mann aus Äthiopien, ein Kämmerer und Mächtiger am Hof der Kandake, der Königin von Äthiopien, welcher ihren ganzen Schatz verwaltete, der war nach Jerusalem gekommen, um anzubeten. [28]Nun zog er wieder heim und saß auf seinem Wagen und las den Propheten Jesaja.

[29]Der Geist aber sprach zu Philippus: Geh hin und halte dich zu diesem Wagen! [30]Da lief Philippus hin und hörte, dass er den Propheten Jesaja las, und fragte: Verstehst du auch, was du liest? ...

[35]Philippus aber tat seinen Mund auf und fing mit diesem Wort der Schrift an und predigte ihm das Evangelium von Jesus.

[36]Und als sie auf der Straße dahinfuhren, kamen sie an ein Wasser. Da sprach der Kämmerer: Siehe, da ist Wasser; was hindert's, dass ich mich taufen lasse? [38]Und er ließ den Wagen halten und beide stiegen in das Wasser hinab, Philippus und der Kämmerer, und er taufte ihn.

Die Stillung des Sturms
(Matthäus 8)

[23]Und er stieg in das Boot und seine Jünger folgten ihm. [24]Und siehe, da erhob sich ein gewaltiger Sturm auf dem See, sodass auch das Boot von Wellen zugedeckt wurde. Er aber schlief. [25]Und sie traten zu ihm, weckten ihn auf und sprachen: Herr, hilf, wir kommen um! [26]Da sagte er zu ihnen: Ihr Kleingläubigen, warum seid ihr so furchtsam? Und stand auf und bedrohte den Wind und das Meer. Da wurde es ganz stille.

[27]Die Menschen aber verwunderten sich und sprachen: Was ist das für ein Mann, dass ihm Wind und Meer gehorsam sind?

M 5

Ich bin ein Wassertropfen und ...

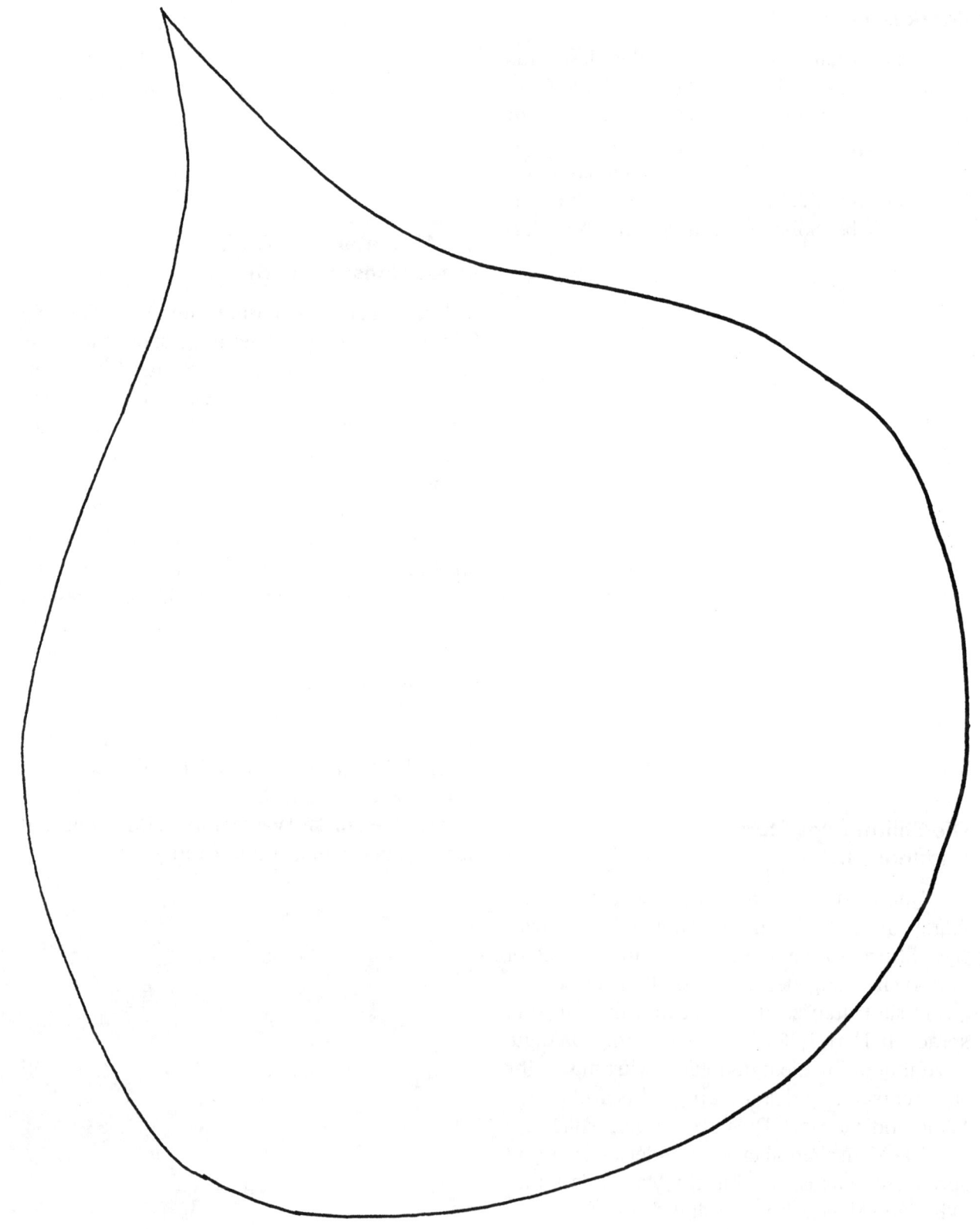

Wasser – Symbol des Todes und des neuen Lebens

Früher waren die Taufbecken viel größer als heute. Ein Mensch passte ganz hinein. Der Täufling wurde vollständig ins Wasser eingetaucht. Das bedeutete: Was von Gott trennt, wird weggespült. Der „alte" Mensch geht unter. Wenn er wieder aus dem Wasser auftaucht, ist er „wie neu geboren".

Durch die Taufe verspricht Gott: „Ich bin alle Tage deines Lebens bei dir."

Durch die Taufe wird ein Mensch in die große Familie der Christinnen und Christen aufgenommen.

Taufstein   **M 7**

a)

b)

c)

d)

Wasser in den großen Religionen (Bildblatt)

A

B

C

D

Wasser in den großen Religionen (Textblatt)

1

Hallo, mein Name ist Mustafa. Ich bin *Moslem*. Auch für uns Muslime spielt Wasser eine wichtige Rolle: Wir waschen uns vor allen wichtigen Tätigkeiten:
- bevor wir aus dem Koran (unserem heiligen Buch) lesen
- bevor wir in der Moschee beten (zu jeder Moschee gehört darum ein Brunnen).

Wir glauben: Wasser macht rein und schenkt Leben.

Im Koran wird das Paradies mit einer erfrischenden, schattigen Wasserstelle verglichen.

2

Ich heiße Julia: Ich bin *Christin.*

Mit Wasser wurde ich als Baby getauft.

Das Wasser der Taufe bedeutet für mich:
- Ich gehöre zu Gott. Er ist die Quelle, aus der Leben fließt.
- Was uns von Gott trennt, wird weggespült.
- Ich gehöre zur christlichen Gemeinde, durch die Taufe habe ich Geschwister in aller Welt.

3

Hallo, ich heiße Anand.

Ich wohne in Indien. Meine Religion ist der *Hinduismus.*

Wir Hindus wollen wenigstens einmal im Leben im heiligen Fluss Ganges baden.

Wir glauben:
- Das heilige Wasser spült alles Böse und Sündige fort.
- Wasser heilt auch Krankheiten.

4

Ich heiße Ester und bin *Jüdin.*

Wir Juden besuchen zu bestimmten Zeiten die Mikwe. Das ist eine Art kleines Schwimmbad. Das Wasser der Mikwe muss aus einer Quelle oder einem Fluss stammen. Auch Regenwasser ist erlaubt.

Das Bad in der Mikwe ist z.B. vorgeschrieben:
- Frauen nach jeder Entbindung und nach der Monatsblutung
- nach Berührung von Unreinem (z.B. Toten oder unreinem Fleisch)
- Männer besuchen das Tauchbad oft vor Beginn des Sabbats.

Wir glauben, dass wir durch das Bad „rein" im übertragenen Sinn werden und uns danach „wie neu geboren" fühlen.

D Gleichnisse von Gottes neuer Welt

1. Thematisches Stichwort

Gleichnisse spielen (besonders in den synoptischen Evangelien) eine wichtige Rolle in der Verkündigung Jesu. G. Bautler (Jesus im Spiegel seiner Gleichnisse, Stuttgart 1986, S. 62-65) nennt in seiner Gesamtübersicht 39 Gleichnisse. Die Gleichnisse sind jedoch nicht Selbstzweck, sondern Mittel der Verkündigung Jesu, genauer: Mitte seiner Verkündigung *und* seines Tuns. Redend und handelnd sagt er die Nähe und Ankunft der Gottesherrschaft an, den Beginn der neuen Welt, und der Nähe Gottes.

Folglich sind die Gleichnisse nicht zu isolieren, sondern im Gesamtzusammenhang des Verhaltens und der Botschaft Jesu zu sehen.

Markus stellt die gesamte Wirksamkeit Jesu unter den programmatischen Anspruch: „Die Zeit ist erfüllt und das Reich Gottes ist herbeigekommen. Tut Buße und glaubt an das Evangelium!" (1,15)

Was aber meint er mit „Reich Gottes"? Und wie ereignet es sich? Den aus dem Alten Testament abgeleiteten Begriff interpretiert Jesus auf vierfache Weise:

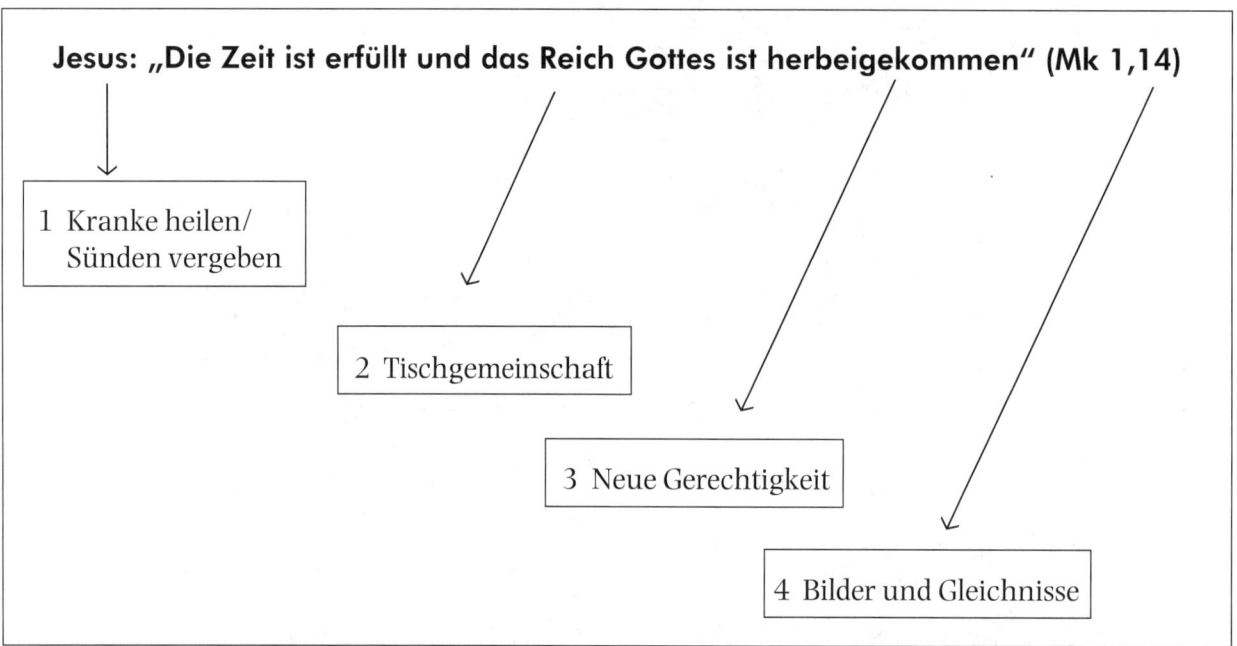

So gesehen sind die Gleichnisse „Kommentar für Jesu Verhalten" (J. Becker, 19).

Immer neu und immer anders entfalten sie, wie im Alltag und im Leben der Menschen Gottes Nähe und Gottes Reich unerwartet wirksam werden. Für unsere Stationenarbeit mit den Gleichnissen haben wir versucht, uns an Ingo Baldermanns Ansatz (Gottes Reich – Hoffnung für Kinder, Entdeckungen mit Kindern in den Evangelien, Neukirchener Verlag, Neukirchen 1993²) zu orientieren.

Das bedeutet im Einzelnen:

- Reich Gottes als Hoffnung für diese Erde zu begreifen
- Jesu Hoffnungssätze mit den Seligpreisungen der Weinenden, Hungernden und Sanftmütigen ernst zu nehmen und sie im Horizont von Jesaja 11 (Wolf und Lamm werden zusammen wohnen ...) zu interpretieren
- Gleichnisse als Entfaltung der alttestamentlichen Visionen verstehen, wie sie z. B. in Psalm 126,1 formuliert werden „Wenn das Reich Gottes kommt, dann werden wir sein wie die Träumenden!"

- Jesu Hoffnungssätze als Schlüssel zu seinen Gleichnissen zu begreifen
- Kinder ihre Träume weiter träumen zu lassen von einer Welt, wie sie sein sollte.

Gleichnisse laden dazu ein, die Welt und die Menschen gleichsam mit Gottes Augen zu sehen.

Gleichnisse deuten die Gottesherrschaft als „eine Zeit, wo in der Welt das geschieht, was Gott mit ihr vor hat. Eine Zeit, wo Leid, Elend und Lieblosigkeit nicht mehr sind" (H. Weder, Die Gleichnisse Jesu, in: RL 3/093, S. 18). Gleichnisse wollen Gottes Nähe fassbar machen.

Aus den genannten Überlegungen haben wir folgende Prämissen/Fragen abgeleitet:

- Das Gleichnis ganzheitlich erfassen
- Welche Erfahrungen und Träume spiegeln sich im Gleichnis?
- An welche Erfahrungen können Kinder anknüpfen?
- Zu welchen Hoffnungen / Visionen / Veränderungen stiftet das Gleichnis Kinder an?
- „Reich Gottes – Hoffnung für Kinder": Was heißt das im Blick auf das zu bearbeitende Gleichnis?
- Wo / wie vergegenwärtigt das Gleichnis die zukünftige Welt?
- Wo / wie wird beschrieben, was Gott mit ihr vor hat?

2. Bezüge zu RU praktisch

- Band 3, S. 23ff: „Gleichnisse: Den Himmel auf die Erde bringen"

- Band 1, S. 22ff: „Wie Jesus die Menschen sieht: Kindersegnung – Zachäus – Bartimäus" S. 52ff: „Verlorenes wird von Gott gesehen: Der gute Hirte"

3. Literatur und Medien

s. Religionsunterricht praktisch 3. Schuljahr, S. 26

Ferner:
- K. Erlemann, *Gleichnisauslegung. Ein Lehr- und Arbeitsbuch*, Francke/UTB, Tübingen/Basel 1999
- K. Seidel, *Moderne Gleichnisse. Für Unterricht, Predigt und Gruppenarbeit*, rex, Luzern/Stuttgart 1994

- H. Ulonska, *Der geschenkte Augenblick. Ein Gleichnisbuch*, Quell, Stuttgart 1991
- H.-J. Venetz, *Von Klugen und Dummen, Waghalsigen und Feigen und von einem beispielhaften Gauner. Gleichnisse Jesu für heute*, Patmos, Düsseldorf 1991
- H. Weder, *Die Gleichnisse Jesu*, in: RL 3/93, 16ff

4. Erläuterungen zu den Freiarbeits-Vorschlägen

Zu Station 1

M 1 ist auf ein Plakat DIN A2 zu übertragen.

(Kontrollblatt)

Mit Jesus vom Gottesreich träumen

Oft ist es im Leben so   Wenn Gottes Reich kommt ...

(B) Ich weine und keiner tröstet mich   (1) Gott wird alle Tränen abwischen
     (Psalm 69,4)   (Jesaja 25,8)

(D) Sterben vor Hunger   (3) Hungernde werden satt
     (Lukas 15,17)   (Matthäus 5,6)

(A) Wölfe fressen die Lämmer auf   (4) Wölfe werden in Frieden bei den
                                               Lämmern wohnen
                                               (Jesaja 11,6)

(C) Der Rücksichtslose setzt sich durch   (2) Nette und Freundliche werden die Erde
                                               besitzen
                                               (Matthäus 5,5)

M 2 ist auf gelben Karton zu übertragen, **M 3** auf grünen Karton (DIN A6)

Zu Station 3a

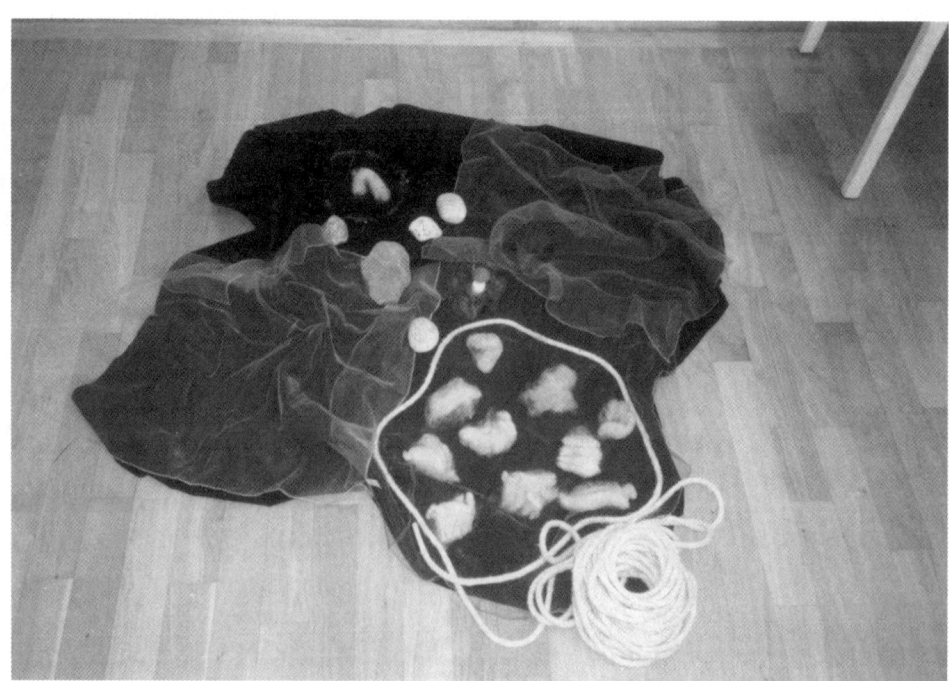

Zu Station 3 d)

Das Bilderbuch von B. Iguchi ist vergriffen. In Kreiskirchenmediotheken ist es ggf. noch zugänglich.

Zu Station 5: Der Schatz im Acker

Vorbereitung
– L. führt in einer Fantasiereise auf einen geheimen Schatz hin (vgl. AV Religion „Gleichnisse Jesu erleben", Iserlohn 1995, S. 23)
– Jede(r) Sch. fertigt eine „Schatzkiste" an. Benötigte Materialien:
  – Tonpapier

– Eine „Wartestation" (s. u.) hilft, bei „Stausituationen" Wartezeiten zu überbrücken.
– Eine abschließende Reflexion könnte folgende Struktur aufweisen (Spielform, Sitzkreis):
Die gefüllten Schatzkisten der Kinder liegen in der Mitte des Sitzkreises.

„Schließe die Augen und überlege dir noch einmal, was sich jetzt alles in deiner Schatzkiste befindet." (Pause)

„Wenn du magst, dann kannst du uns erzählen, welche Schätze du gesammelt hast. Wenn du möchtest, kannst du uns deine Schätze auch zeigen."

Fantasiereise zu einem Schatz

Stell dir vor, du unternimmst auf deinem Zauberteppich eine Traumreise –
Du setzt dich hin und atmest ganz ruhig ein und aus –
Du machst es dir bequem –
Du wirst ganz ruhig, nichts stört dich mehr –
Du schließt deine Augen und entspannst dich –
Du spürst den Boden unter dir –
Dein Teppich will losfliegen –
Du sagst das Zauberwort und der Teppich hebt langsam vom Boden ab –
Du spürst, wie er sich leicht im Wind bewegt –
Er fliegt höher und immer höher hinauf –
Die Häuser und Menschen unter dir werden immer kleiner –
Du kannst Bäume und Wiesen erkennen –
Der Himmel ist blau, die Luft ist angenehm warm –
Der Teppich fliegt ganz ruhig über Flüsse, Wiesen, Wälder und über das weite Meer –
Mitten im Meer siehst du eine kleine Insel –
Der Teppich fliegt etwas tiefer –
Die Insel scheint unbewohnt zu sein –
Dein Teppich wird von der Insel magisch angezogen –
Er setzt auf dem Sandboden auf –
Nahe am Wasser liegt eine Flasche –
Du steigst von deinem Teppich runter und hebst sie auf –
Es steckt eine Papierrolle darin –
Du ziehst sie heraus –
Es ist eine richtige Schatzkarte –
Sie weist dir den Weg –
Er führt dich durch dichtes Gehölz, Büsche und Bäume –
Die Karte führt dich zu einem riesigen Baum auf einer großen Lichtung –
Du gehst näher heran –
Du klopfst vorsichtig gegen den Baum –
Er ist hohl –
Du umarmst ihn und drückst ihn ein wenig –
Da bewegt er sich zur Seite und macht ein großes Loch frei –

Dort siehst du einen großen glänzenden Kasten –
Du versuchst den Deckel zu öffnen und er bewegt sich tatsächlich nach oben –
Du schaust hinein und siehst einen wunderbaren Schatz – *(Pause)*
Du freust dich über den Anblick –
Du freust dich darüber, dass du ihn gefunden hast –
Es ist dein Schatz –
Du darfst ihn mitnehmen, du darfst ihn behalten –

Es wird allmählich dunkel –
Du musst deine Insel verlassen, der Teppich fliegt dich zurück –
Er kennt den Weg –
Deinen Schatz nimmst du mit –
Du hältst ihn gut fest –
Du fliegst zurück über Wiesen, Wälder, Flüsse und Häuser –

Der Teppich ist angekommen –
Er landet weich auf dem Boden –
Du spürst den Boden unter dir –
Du legst deinen Schatz auf den Teppich –
Atme dreimal ganz tief durch –
Schließe deine Hände zu einer festen Faust und öffne sie wieder –
Recke und strecke deine Arme und Beine –
Nun öffne deine Augen vorsichtig ...

Zu Station 5 a)

L. muss eine „Schatzkiste" vorbereiten (lassen), z. B. mithilfe einer Pralinenschachtel o. Ä.

Zu Station 6

Voraussetzung der Arbeit ist, dass das Bild gemeinsam betrachtet und erarbeitet worden ist.

Zu Station 6 a)

Der Farbholzschnitt von Sieger Köder „Das Mahl mit den Sündern" ist als **FM 7** der Ausarbeitung „Brot des Lebens" beigefügt sowie als Folie in der Folienmappe: Katholisches Bibelwerk Stuttgart, Hg., „Du legst deine Hand auf mich", Bild Nr. 6, Stuttgart 1990, enthalten.

Zu Station 7

Im Sinne einer „Zusammenfassung" wird ein „Reich-Gottes-Baum" (Hoffnungsbaum) angelegt, der u. a. folgende Elemente enthält:
– Baumumriss
– Blätter mit Texten der in Freiarbeit bearbeiteten Gleichnisse
– Über einen längeren Zeitraum werden Zeitungsausschnitte („gute Nachrichten") gesammelt und den Gleichnissen zugeordnet (Wo/wie Gottes Reich wächst – vgl. RU praktisch 3, S. 31)

Ergänzend können zu den Gleichnissen hinzugefügt werden:
– Liedstrophen
– Bilder
– Gedichte
– Biografische Beispiele ...

5. Freiarbeits-Vorschläge

Station 1: Mit Jesus von Gottes Reich träumen

Ihr benötigt:	– **M 1** „Oft ist es im Leben so ..." – „Wenn Gottes Reich kommt ..."
	– Textkarten **M 2** (gelber Karton, DIN A6)
	– Textkarten **M 3** (grüner Karton, DIN A6)
Arbeits-vorschläge:	– Welche Kärtchen gehören in die *linke* Spalte? (Beachte die Überschrift!) Lege sie dort untereinander ab. (Tipp: Diese Karten haben alle dieselbe Farbe)
	– Welche Kärtchen passen zur Überschrift „Wenn Gottes Reich kommt ..." Lege sie in die rechte Spalte und ordne sie den Sätzen auf der linken Seite zu. (Tipp: Auch diese Karten haben alle dieselbe Farbe)
	– Erkläre die Aussagen der rechten Kärtchen, male dazu. Finde weitere Texte dazu.
	– Suche in der Zeitung weitere Bildbeispiele ... für *beide* Seiten ... ... für *eine* Seite ...

Station 2: Mit Jesus beginnt Gottes neue Welt

Ihr benötigt:	Texte: (**M 4 a-f**)
Arbeits-vorschläge:	– Du kennst folgende Geschichten bereits: * Die Weihnachtsgeschichte * Jesus beruft die ersten Jünger * Bartimäus * Jesus segnet die Kinder * Zachäus * Heilung des Gelähmten Wähle *eine* Geschichte aus. Versuche herauszufinden, wie / wo in ihr Gottes neue Welt beginnt.
	– Fallen dir noch andere Erzählungen von Gottes neuer Welt ein?

Station 3: Das verlorene Schaf – Der gute Hirte

Voraussetzung bei allen Gruppen: Kenntnis der Bibeltexte

Station 3 a) Darstellung des Gleichnisses als Bodenbild

Du benötigst:
– schwarzes Tuch
– grüne Tücher
– Bethelpüppchen (Holzpüppchen)
– Schafwolle oder Watte
– Seil
– Dornenkranz
– Steine
– Märchenwolle (möglichst in grün und schwarz)
– Knete
– Holzstab
– Filz

Arbeits-
vorschlag:
Lies noch einmal den Text vom „Gleichnis vom verlorenen Schaf".
Lege in einem Bodenbild die Geschichte des verlorenes Schafes mit den
Materialien nach.

Station 3 b) Fantasiereise

Du benötigst:
Walkman / Kassette mit dem Text der Fantasiereise (**M 5**);
Untermalung durch meditative Musik

Arbeits-
vorschlag:
Höre dir auf der Kassette noch einmal die Fantasiereise an.
Schreibe oder male anschließend zu einer der folgenden Fragen:
– Wie fühltest du dich, als du allein warst?
– Wie fühltest du dich, als du gerettet wurdest?
– Wie fühlten sich die anderen 99 Schafe, als sie bemerkten, dass du
fehltest?

Station 3 c) Mobile

Du benötigst: – Tonkarton in Weiß, Schwarz, Grün, Braun, hautfarben
– Watte
– Filzstifte
– Nähgarn
– Klebstoff
– Schere
– Vorlagenbogen
– Transparentpapier zum Durchpausen
– Pappe für die Schablonen
– evtl. Muster

Arbeits-
vorschlag: Fertige nach der Vorlage (**M 6**) ein Mobile an.

Station 3 d) Szenische Darstellung

Ihr benötigt: – Das Bilderbuch „Das kleine Schaf" von B. Iguchi, Kaufmann, Lahr 1987² (vergr.)
– Seil
– grünes Tuch
– Stock
– Hut
– Fell / alternativ: Wolldecke
– Lampen für Lichteffekte
– Steine
– Orff-Instrumente zur zusätzlichen Verklanglichung

Arbeits-
vorschläge: – Schaut euch das Buch an und lest es euch laut vor. Bestimmt einen guten Leser als Vorleser. Verteilt dann die Rollen auf 3 Hauptdarsteller (Schaf, Hirte, Krähe) und die Nebendarsteller (andere Schafe).
– Überlegt euch, welche Kleidung ihr benötigt und wie euer Bühnenbild aussehen soll.
– Spielt die Geschichte nach, so wie sie euch vorgelesen wird.

Alternative: Wenn ihr Lust habt, versucht, die Geschichte noch einmal ohne den Lesetext zu spielen.

Station 3 e) Bilderweiterung

Du benötigst:	– Bilderbuch „Das verlorene Schaf" von R. Schindler, (Religion für kleine Leute), Kaufmann, Lahr 1990[7] – Kopien des Titelbildes und des vorletzten Bildes (**FM 4** und **FM 5**) – Zeitungen – Schere – Klebstoff – schwarzer Filzstift – schwarzes Papier
Arbeits- vorschlag:	– Suche aus Zeitungen Textausschnitte (Schlagzeilen), die zu den beiden Bildern passen. Schneide sie aus und klebe sie zu dem jeweiligen Bild. 1. Bild: Male oder lege die Dornen darauf weiter. 2. Bild: Male die anderen Schafe, die sich freuen, dazu.

Station 3 f) Farbholzschnitt

Du benötigst:	– Farbholzschnitt „Der gute Hirt" von Th. Zacharias (**FM 6**) – 2 Kopien in DIN A4 (mind.), eine davon als Vorlage, die zweite als Puzzle zerschnitten (Anzahl der Teile nach Belieben)
Arbeits- vorschläge:	– Lege die Puzzle-Teile richtig auf die Vorlage, sodass ein neues Bild entsteht. Sieh dir das fertige Bild genau an. Beschreibe das Bild. Achte dabei auf die Farben. * Wo befindet sich die Schafherde? * Wo befinden sich der Schäfer und das verlorene Schaf? * Welche Gefahren drohten den beiden? * Beschreibe den Gesichtsausdruck des Schäfers / des verlorenen Schafes. * Welche Farben benutzte der Künstler in der oberen Hälfte des Bildes, welche in der unteren Hälfte? Was will er uns damit sagen? Tipp: Denke daran, dass du es jemandem beschreibst, der es nicht sieht. Frage: Wo würdest du dich im Bild wiederfinden? Alternative: – Umrisse vorgeben – Elemente ausschneiden und einfügen lassen

Station 4: Vom Sämann

Station 4 a)

Du benötigst: – Einmachgläser oder großes Glasgefäß (Aquarium)
 – Kies bzw. Steine
 – Erde
 – Äste oder Dornengewächs
 – Weizenkörner
 – Textkarte **M 7**

Arbeits-
vorschläge: – Lies den Text, gestalte und säe:
   * den Weg
   * felsigen Boden
   * Erde mit Dornen
   * fruchtbares Land
 – Ordne die Textabschnitte **M 10** den Gläsern zu.
 – Gieße und beobachte.

Station 4 b)

Ihr benötigt: Text des Gleichnisses **M 7**

Arbeits-
vorschläge: – Lest den Text des Gleichnisses.
                 – Welche Rollen kann man pantomimisch darstellen?
                 – Spielt das Gleichnis als Pantomime.

Station 4 c)

Ihr benötigt: – Text des Gleichnisses **M 7**
                     – Orff-Instrumente

Arbeits-
vorschlag: – Wählt Orff-Instrumente aus und verklanglicht das Gleichnis.

Station 4 d)

Du benötigst: – Schreibzeug
– Papier
– Text **M 8**

Arbeits-
vorschläge: Was hast du als Korn erlebt, gefühlt und gedacht?
– Schreibe die Geschichte weiter.
– Male dazu ein Bild.

Station 4 e)

Du benötigst: – Ähren mit Getreidekörnern
                – Pappe
                – Klebstoff
                – Stifte
                – Folie

Arbeits-
vorschläge: – Zähle die Körner einer Ähre und stelle fest, um wie viel sich ein Korn seit
                der Aussaat vermehrt hat.
              – Klebe die Körner einer Ähre auf die Pappe, schreibe ihre Zahl darunter
                und überziehe die Pappe mit Folie.
              – Wiederhole Aufgabe 1 und 2 mit einer anderen Ähre.
              – Vergleiche mindestens zwei Ähren.

Station 4 f)

Ihr benötigt: – Textkarten: **M 9a** Weg
                – **M 9b** Fels
                – **M 9c** Dornen
                – **M 9d** Frucht

Arbeits-
vorschläge: – Überlegt euch Spielszenen, die zeigen, wie wir
                a) Weg
                b) Fels
                c) Dornen
                d) Frucht
                für andere Menschen sein können.

Station 5: Der Schatz im Acker (Mt 13,44)

Station 5 a) Frederick

Du benötigst: – Eine „Schatzkiste"
               – Das Buch „Frederick" von L. Lionni, Middelhauve, Köln 1987
               – Rote Kärtchen
               – Grüne Kärtchen
               – Gelbe Kärtchen

Arbeits-
vorschläge: – Lies dir das Buch von Frederick durch. Wenn du magst, kannst du mit
                 einem Mitschüler gemeinsam das Buch lesen.

               * Schreibe dann auf die *roten* Kärtchen, was die Mäuse sammeln, was für
                 die Mäuse wichtig ist.

               * Schreibe auf die *grünen* Kärtchen, was für Frederick ein Schatz bedeu-
                 tet, was für Frederick wichtig ist.

               * Schreibe auf die *gelben* Kärtchen, was du sammeln würdest.

               – Wenn du drei Kärtchen beschrieben hast, lege sie in deine Schatzkiste.

Station 5 b) Bilder von meinem Schatz

Du benötigst: – Bilder (z. B. aus Katalogen oder Farbkopien) oder Postkarten zu Themen
wie Freundschaft, Familie, Natur, Kinder ...
Diese Bilder werden hinten mit liniertem Papier oder einer Karteikarte
beklebt
– Leere Karteikarten

Arbeits-
vorschläge: – Schau dir die Bilder an, die bei der Station liegen. Suche dir eine Karte
aus, die für dich einen „Schatz" bedeuten könnte. Wenn du hier „deinen
Schatz" nicht findest, dann nimm eine leere Karte und male ihn darauf.

– Schreibe auf die Rückseite der Karte, warum das Bild für dich ein Schatz
ist.
Wenn du die Rückseite beschrieben hast, lege die Karte in deine Schatzkiste.

Station 5 c) Auf der Flucht

Du benötigst: – Bild zu „Menschen auf der Flucht" (**M 11**)
– Menschen müssen ihre Heimat verlassen (**M 12**)

Arbeits-
vorschläge: – Schau dir das Bild genau an

oder
– Lies dir die Geschichten in **M 12** durch.

In allen Texten geht es darum, dass Menschen ihre Heimat plötzlich
verlassen müssen. Sie können und dürfen nur wenige Dinge mit auf die
Flucht nehmen. Versuche, dich in die Lage der Betroffenen hineinzuver-
setzen. Was wäre für dich in so einem Augenblick wichtig, mitzuneh-
men? Schreibe nicht mehr als drei Gegenstände auf und versuche, deine
Entscheidung zu begründen.

– Lege am Schluss dein Blatt in deine Schatzkiste.

Station 5 d) Schätze in der Bibel

Du benötigst: – Bibelstellen zum Thema „Schatz" (**M 13**)
– Karteikarten

Arbeits-
vorschläge: – Lies dir die drei Bibelstellen durch

oder

– suche die Bibelstellen aus der Bibel heraus.

– Suche aus der Bibelstelle den Satz heraus, in der „Schatz" vorkommt und schreibe ihn auf eine Karte.

– Lege die Karte am Ende in deine Schatzkiste.

Station 5 e) Auf einer einsamen Insel

Du benötigst: – Bild einer einsamen Insel
– Arbeitsblatt mit einsamer Insel

Arbeits-
vorschläge: – Nenne ein Teil, das du mit auf eine einsame Insel nehmen würdest. Schreibe diesen Gegenstand auf das Blatt.

– Nun darfst du dein beschriebenes Blatt in deine Schatzkiste legen.

Station 6: Das große Gastmahl

Station 6 a)

Du benötigst: –   Den Text des Gleichnisses
                   –   Das Bild von S. Köder „Das Mahl mit den Sündern" (vgl. Vorwort) **FM 7**

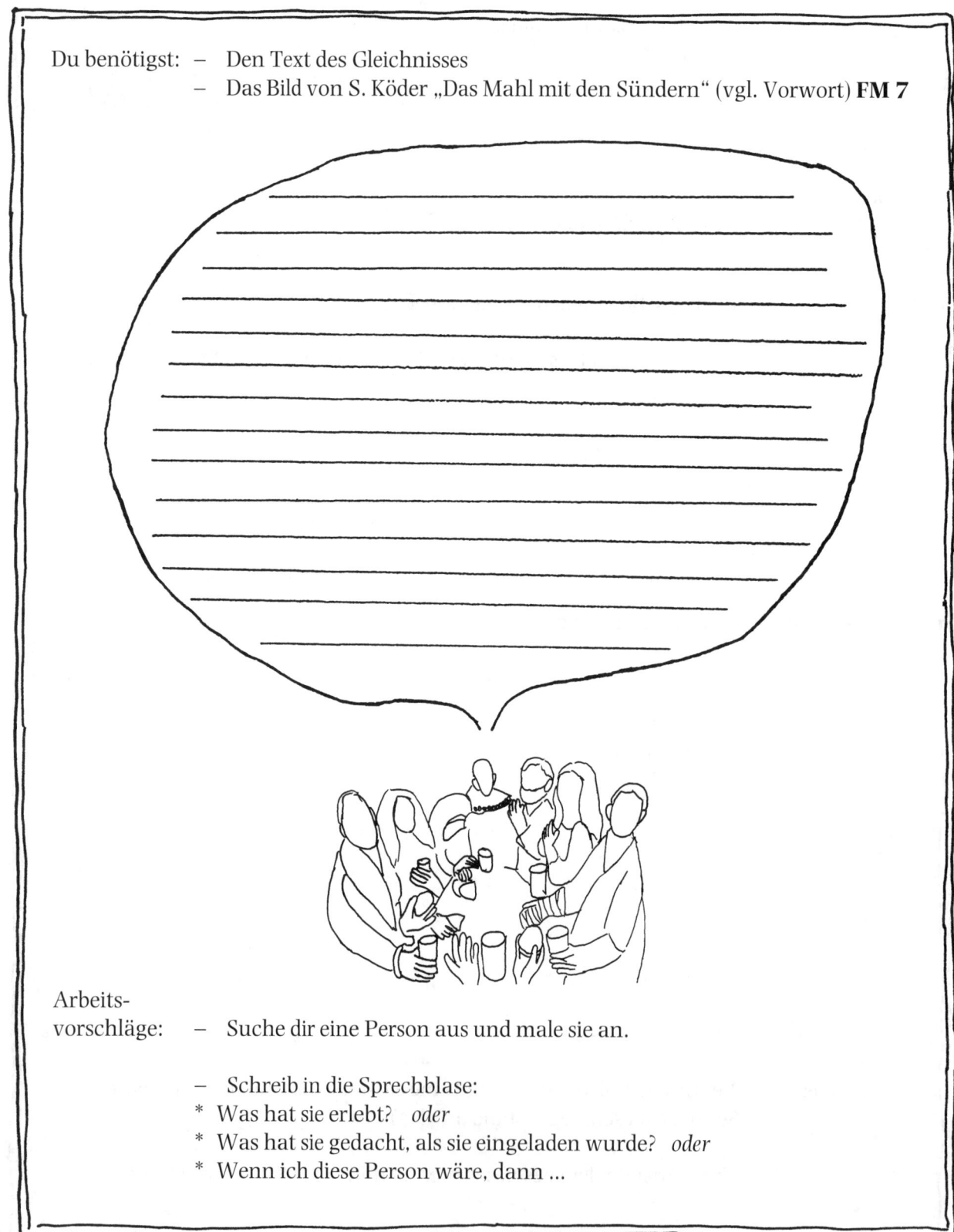

Arbeits-
vorschläge: –   Suche dir eine Person aus und male sie an.

          –   Schreib in die Sprechblase:
          *   Was hat sie erlebt?   *oder*
          *   Was hat sie gedacht, als sie eingeladen wurde?   *oder*
          *   Wenn ich diese Person wäre, dann ...

Station 6 b)

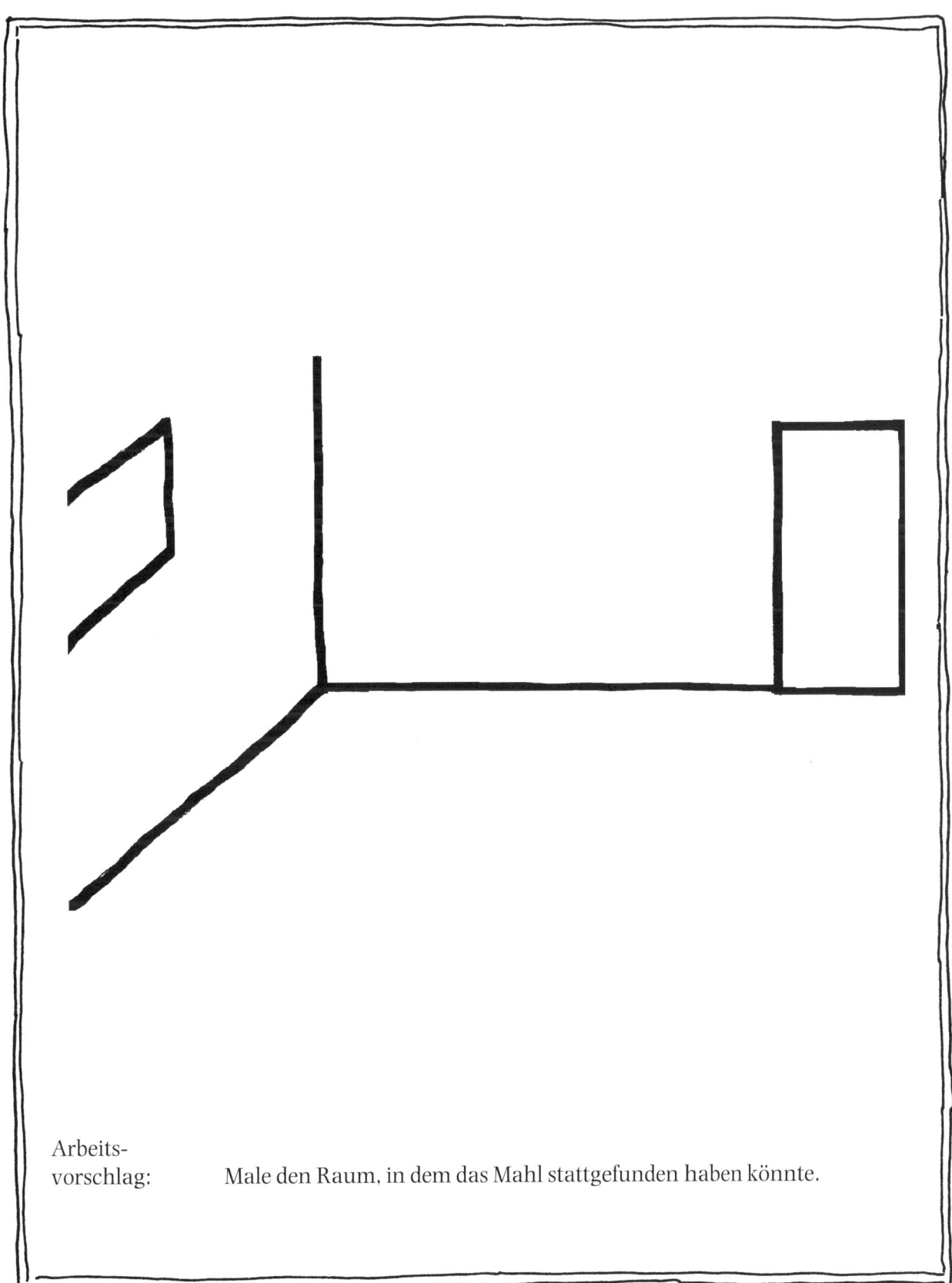

Arbeits-
vorschlag: Male den Raum, in dem das Mahl stattgefunden haben könnte.

Station 6 c)

Du benötigst: – Bethel-Püppchen
                 – Stoffreste
                 – Kleber

Arbeits-
vorschlag: Gestalte die Püppchen als Gäste des Mahls.
               (Evtl. Rollenspiel   > Auftritt als Akteure
                                           > Gestaltung der Kulisse (Zimmer)

Station 6 d)

Ihr benötigt: **M 14** (Rollenspielkarten)

Arbeits-
vorschlag: Spielt ein mögliches Tischgespräch.

Station 6 e)

Du benötigst: Geeignete Bilder / Fotos aus Zeitungen / Illustrierten

Arbeits-
vorschlag: Schneide Personen aus, von denen du denkst, dass sie heute eingeladen
                    werden sollten (evtl. auch als Malaufgabe).

Station 6 f)

Du benötigst: Prospekte und Kataloge von Porzellan und Lebensmitteln / Tiefkühlkost

Arbeits-
vorschlag: Erstelle eine Collage mit einem Tisch. Decke den Tisch und schneide die
                       nötigen Dinge dafür aus und klebe sie auf.

Station 6 g)

Du benötigst: – Klappkarten
                       – Farbstifte

Arbeits-
vorschlag: Gestalte Einladungskarten für das Fest.

Station 6 h)

Du benötigst: – Texte
                       – Heft und Schreibzeug
                       – **M 15**

Arbeits-
vorschlag: Welche Ausreden würden heute Menschen haben, um nicht zu einer
                       Feier zu gehen? Schreibe auf.

Station 7

Im Sinne einer *„Zusammenfassung"* wird ein „Reich-Gottes-Baum" (Hoffnungsbaum) angelegt, der u. a. folgende Elemente enthält:

- Baumumriss
- Blätter mit Texten der in Freiarbeit bearbeiteten Gleichnisse
- Über einen längeren Zeitraum werden Zeitungsausschnitte („gute Nachrichten") gesammelt und den Gleichnissen zugeordnet (Wo / wie Gottes Reich wächst – vgl. RU praktisch 3, S. 31)

Ergänzend können zu den Gleichnissen hinzugefügt werden:
* Liedstrophen
* Bilder
* Gedichte
* Biografische Beispiele ...

Mit Jesus von Gottes Reich träumen

Oft ist es im Leben so:	Wenn Gottes Reich kommt ...

Gott wird alle
Tränen abwischen

Nette und Freundliche
werden die Erde besitzen

Hungernde werden satt

Wölfe werden in Frieden
bei den Lämmern wohnen

Wölfe fressen die Lämmer auf

Ich weine und keiner tröstet mich

Der Rücksichtslose setzt sich durch

Sterben vor Hunger

M 4a

Aus der Weihnachtsgeschichte

In der Nähe von Bethlehem wachten Hirten auf dem Feld bei ihren Herden. Da trat der Engel des Herrn zu ihnen und der Glanz des Herrn umstrahlte sie.

Sie fürchteten sich sehr. Der Engel aber sprach zu ihnen: „Fürchtet euch nicht, denn ich verkünde euch eine große Freude für alle Menschen. Heute ist euch in der Stadt Davids der Retter geboren. Er ist der Herr, euer Heiland.

Und das soll euch als Zeichen dienen. Ihr werdet ein Kind finden, das in Windeln gewickelt in einer Krippe liegt."

Und dann erschien vor den Hirten ein großes himmlisches Heer von Engeln. Sie lobten Gott und sangen: „Ehre sei Gott in der Höhe und Frieden auf Erden."

Als die Engel sie verlassen hatten, sprachen die Hirten untereinander: „Lasst uns nach Bethlehem ziehen und sehen, was uns der Herr verkündigen ließ."

So eilten sie hin und fanden Maria und Josef und das Kind, das in der Krippe lag. Als sie es gesehen hatten, erzählten sie, was ihnen über dieses Kind gesagt worden war. Und alle, die es hörten, staunten über die Rede der Hirten. Maria aber behielt alle diese Worte und bewegte sie in ihrem Herzen.   (Lukas 2)

Gottes neue Welt beginnt für die HIRTEN, weil

....

....

....

....

....

....

Jesus beruft die ersten Jünger

Jesus ging am Ufer des Sees Genezareth entlang. Da sah er zwei Brüder, Simon Petrus und seinen Bruder Andreas. Sie waren Fischer und warfen ihre Netze aus.

Jesus sagte zu ihnen: „Folgt mir nach! Ich will euch zu Menschenfischern machen!" Da ließen sie ihre Netze liegen und folgten ihm.

Als er weiterging, sah er zwei andere Brüder, Jakobus, den Sohn von Zebedäus, und seinen Bruder Johannes. Zusammen mit ihrem Vater knüpften sie Netze in ihrem Boot.

Er rief sie und sogleich verließen sie das Boot und ihren Vater und folgten Jesus.   (Markus 1)

Gottes neue Welt beginnt für die FISCHER, weil

....

....

....

....

....

....

M 4c

Der blinde Bettler

Jesus kam wieder nach Jericho. Eine große Menge Menschen lief mit. Da saß am Weg ein blinder Bettler. Es war Bartimäus, der Sohn von Timäus. Als Bartimäus hörte, dass Jesus aus Nazareth kommt, da schrie er ganz laut: „Jesus, du Sohn Davids, hilf mir! Erbarme dich über mich!"

Die Leute sagten zu ihm: „Hör doch auf mit dem Geschrei!" Aber er schrie noch viel lauter: „Du Sohn Davids, erbarme dich über mich!" Da blieb Jesus stehen und sprach: „Ruft ihn her zu mir!" Sie riefen den Blinden und sagten zu ihm:

„Du kannst dich freuen. Steh auf! Er ruft dich zu sich."

Da warf Bartimäus seinen Mantel auf die Erde, sprang auf und lief zu Jesus. Jesus fragte ihn: „Was willst du? Was soll ich für dich tun?" Da sagte der Blinde zu ihm: „Herr, dass ich wieder sehen kann." Jesus sprach zu ihm: „Geh nur! Du hast Vertrauen zu mir: Du bist gerettet." Und sofort konnte Bartimäus wieder sehen. Und er ging mit Jesus und folgte ihm auf seinem Weg.

(Markus 10)

Gottes neue Welt beginnt für BARTIMÄUS, weil

....

....

....

....

....

....

Jesus segnet die Kinder

Die Leute brachten Kinder zu Jesus. Er sollte ihnen seine Hände auflegen und sie segnen.

Aber die Jünger wollten die Kinder nicht zu Jesus lassen. Als Jesus das sah, wurde er ärgerlich. Und er sprach zu den Jüngern: „Lasst doch die Kinder zu mir kommen und haltet sie nicht ab! Denn in das Reich Gottes können nur Menschen hineinkommen, die so sind wie die Kinder. Ich sage euch: Wer sich das Reich Gottes nicht schenken lässt, so wie ein Kind sich etwas schenken lässt, der kommt nicht hinein."

Dann nahm er die Kinder in den Arm und legte jedem seine Hände auf den Kopf und segnete sie.

(Markus 10)

Gottes neue Welt beginnt für die KINDER, weil

....

....

....

....

....

....

M 4e

Jesus bei Zachäus, dem Zöllner

Jesus kam mit seinen Jüngern in die Stadt Jericho. Dort lebte der Zöllner Zachäus.

Er war sehr reich und hatte keine Freunde. Die Zolleinnehmer waren damals nicht gut angesehen, weil sie am Stadttor von den Menschen oft zu viel Steuern verlangten.

Zachäus hatte von Jesus gehört. Er wollte ihn unbedingt sehen. Er war klein und die vielen Menschen standen dich gedrängt vor ihm. Sie versperrten Zachäus die Sicht.

Da lief er voraus und kletterte auf einen Maulbeerbaum.

Jesus zog inmitten der Menschenmenge den Weg entlang. Er blieb unter dem Baum stehen, schaute hinauf und entdeckte Zachäus im Geäst.

Jesus sprach: „Zachäus, komm herunter! Ich muss heute in deinem Haus zu Gast sein." Da stieg Zachäus schnell hinunter. Voller Freude führte er Jesus in sein Haus.

Die Leute, die herumstanden, empörten sich und sagten: „Jesus kehrt bei einem Betrüger ein." Zachäus aber wandte sich an den Herrn und sprach: „Herr, sieh diese Leute an. Ich habe sie betrogen. Die Hälfte meines Vermögens will ich den Armen geben. Wenn ich jemand betrogen habe, so gebe ich es ihm vierfach zurück."

Da sprach Jesus zu ihm: „Heute ist diesem Haus Gottes Segen, Friede und Freude geschenkt worden. Denn ich bin gekommen, um zu suchen und zu retten, was verloren ist."   (Lukas 19)

Gottes neue Welt beginnt für ZACHÄUS, weil

....

....

....

....

....

....

Jesus heilt einen Gelähmten

Jesus kam in die Stadt Kafarnaum und predigte zu vielen Menschen. Unter den Zuhörern saßen auch Schriftgelehrte und Pharisäer. Sie waren aus den Dörfern von Galiläa und Judäa und auch aus Jerusalem gekommen. Jesus war von der Kraft Gottes erfüllt und heilte viele Menschen.

Da brachten einige Männer einen Gelähmten auf einer Tragbahre herbei. Sie versuchten, sich mit der Bahre durch die Tür des Hauses zu zwängen. Aber die Menschen standen so dicht nebeneinander, dass es unmöglich war, hineinzugelangen.

Da stiegen sie auf das flache Dach des Hauses und deckten die Ziegel ab. Dann ließen sie die Bahre langsam an starken Seilen in die Mitte des Raumes zu Füßen Jesu hinab.

Als Jesus ihr Vertrauen und ihren Glauben sah, sagte er zu dem Mann: „Deine Schuld ist dir vergeben." Da dachten die Schriftgelehrten und Pharisäer: „Nur Gott allein kann Schuld vergeben."

Jesus aber merkte, was sie dachten, und sprach: „Was habt ihr für Gedanken im Herzen? Was ist leichter zu sagen: Deine Schuld ist dir vergeben, oder: Steh auf und geh umher? Ihr sollt erkennen, dass ich Kraft und Vollmacht habe, Schuld hier auf Erden zu vergeben."

Und er sagte zu dem Gelähmten: „Nimm deine Bahre und geh nach Hause!" Im selben Augenblick stand der Mann auf, nahm die Tragbahre, lobte und pries Gott und ging nach Hause.

Alle Leute, die das gesehen hatten, gerieten außer sich. Sie lobten Gott und sagten voller Furcht: „Heute haben wir etwas Unglaubliches erlebt." (Markus 2)

Gottes neue Welt beginnt für den GELÄHMTEN, weil

....

....

....

....

....

....

M 5

Fantasiereise zum Gleichnis vom „Verlorenen Schaf"

Ich möchte dich zu einer Reise einladen.
Einer Reise in die Fantasie.

Rücke deinen Stuhl etwas zurück. Setze dich still hin.
Die Füße stehen nebeneinander auf dem Boden. Deine Arme liegen auf dem Tisch.
Du legst deinen Kopf auf die Arme und schließt die Augen.
Du bist jetzt ganz still und sagst nichts mehr. Du spürst, wie du atmest. Ganz ruhig.

Du bist jetzt auf einer grünen Wiese. Um dich herum stehen Schafe.
Auch du bist ein kleines Schaf in der Herde. Zufrieden genießt du das saftige Gras.
Du siehst den Schäfer, der ich behütet, und den Hund, der ihm bei seiner Arbeit hilft.

Gemeinsam zieht ihr nun weiter.
Es wird dunkel und ihr müsst zur Nacht den Stall aufsuchen.
Der Weg zum Stall führt dich durch einen Wald. Dann kommst du an einen steinigen Abhang. Der Schäfer geht voran und der Hund bewacht den Schluss der Herde. An einem Strauch bleibst du stehen. Dir tun deine Klauen weh. Der Hund bemerkt es nicht und trottet weiter. Du bleibst zurück. Alle anderen sind schon fort. Langsam wird es dunkel, du hast Angst und bist allein.

Es vergeht eine lange Zeit. Dir wird kalt und du weißt nicht, was du tun sollst. Müde legst du dich auf den steinigen Weg. Du bist mutlos und traurig.

Plötzlich hörst du eine Stimme. Es ist dein Schäfer, der dich sucht.
Dann siehst du ein Licht. Du blökst freudig, weil du weißt, dass er dich gefunden hat und nach Hause führen wird. Er kommt zu dir, umarmt dich, nimmt dich auf die Schultern und trägt dich zum Stall.
Dort warten schon die anderen Schafe. Sie begrüßen dich und freuen sich, dass du wieder bei ihnen bist. Nun geht es dir richtig gut. Du bist wieder bei deinen Freunden.

Nun bist du wieder verwandelt. Du bist wieder du selbst und sitzt hier im Klassenraum bei all deinen Freunden.
Du spürst deinen Atem und bist ganz ruhig.

Du bist von deiner Reise zurück.
Du reckst dich und streckst Arme und Beine weit von dir.
Nun öffnest du die Augen.

Mobile

M 7

Vom Sämann (Mt 13,3ff)

Siehe, es ging ein Sämann aus zu säen.
Und indem er säte, fiel einiges auf den Weg;
da kamen die Vögel und fraßen's auf.
Einiges fiel auf felsigen Boden,
wo es nicht viel Erde hatte,
und ging bald auf,
weil es keine tiefe Erde hatte.
Aber als die Sonne aufging, verwelkte es,
und weil es keine Wurzel hatte, verdorrte es.
Einiges fiel unter die Dornen;
und die Dornen wuchsen empor und erstickten's.
Einiges fiel auf gutes Land und trug Frucht,
einiges hundertfach, einiges sechzigfach,
einiges dreißigfach.

M 8

Ich war ein kleines (Weizen)Korn und fühlte mich zwischen meinen Freunden warm und geborgen. Aber meine eigentliche Aufgabe war es ja, Wurzeln zu schlagen, zu wachsen und Früchte zu tragen.

So freute ich mich, als eines Tages der Sämann kam, um uns auszusäen.

Ich fiel ...

Die Deutung des Gleichnisses

Die Jünger Jesu verstanden ihn nicht. „Warum erzählst du uns die Geschichte?", murrten sie.
„Die Geschichten erzählen vom Königreich Gottes", antwortete Jesus. „Ich werde sie euch erklären,
obwohl ihr die Geschichte auch so verstehen könnt, wenn ihr wollt. Hört!"

Manche Menschen hören die Ankündigung vom Königreich Gottes, aber sie verstehen sie nicht.
Menschen sind wie die Körner auf dem Weg.

Die Deutung des Gleichnisses

Die Jünger Jesu verstanden ihn nicht. „Warum erzählst du uns die Geschichte?", murrten sie.
„Die Geschichten erzählen vom Königreich Gottes", antwortete Jesus. „Ich werde sie euch erklären,
obwohl ihr die Geschichte auch so verstehen könnt, wenn ihr wollt. Hört!"

Manche Menschen hören die Ankündigung vom Königreich Gottes, aber sie verstehen sie nicht.
Menschen sind wie die Körner auf felsigem Grund.
Das sind die, die sich schnell von der Nachricht begeistern lassen. Aber sie hat keine Wurzeln
geschlagen. Sobald es schwierig wird und Probleme macht, ein Teil von Gottes Königreich zu sein,
geben sie auf.

Die Deutung des Gleichnisses

Die Jünger Jesu verstanden ihn nicht. „Warum erzählst du uns die Geschichte?", murrten sie.
„Die Geschichten erzählen vom Königreich Gottes", antwortete Jesus. „Ich werde sie euch erklären,
obwohl ihr die Geschichte auch so verstehen könnt, wenn ihr wollt. Hört!"

Manche Menschen hören die Ankündigung vom Königreich Gottes, aber sie verstehen sie nicht.
In die Dornen sind die Körner bei den Menschen gefallen, die die Nachricht zwar gehört haben,
sich dann aber von anderen Dingen ablenken lassen: Die Sorgen des Alltags, der Wunsch reich zu
werden ...

Die Deutung des Gleichnisses

Die Jünger Jesu verstanden ihn nicht. „Warum erzählst du uns die Geschichte?", murrten sie.
„Die Geschichten erzählen vom Königreich Gottes", antwortete Jesus. „Ich werde sie euch erklären,
obwohl ihr die Geschichte auch so verstehen könnt, wenn ihr wollt. Hört!"

Manche Menschen hören die Ankündigung vom Königreich Gottes, aber sie verstehen sie nicht.
Aber die Saat, die auf guten Boden gefallen ist, geht bei denen auf, die die Nachricht gehört haben und
sie verstehen. **Sie bringen Frucht;** manche hundertfach, andere sechzig- oder dreißigfach.

Siehe, es ging ein Sämann aus, zu säen.
Und indem er säte, fiel einiges auf den Weg;
da kamen die Vögel und fraßen's auf.

Einiges fiel auf felsigen Boden,
wo es nicht viel Erde hatte,
und ging bald auf,
weil es keine tiefe Erde hatte.
Aber als die Sonne aufging, verwelkte es,
und weil es keine Wurzel hatte, verdorrte es.

Einiges fiel unter die Dornen;
und die Dornen wuchsen empor und erstickten's.

Einiges fiel auf gutes Land und trug Frucht,
einiges hundertfach, einiges sechzigfach, einiges dreißigfach.

M 12
Menschen müssen ihre Heimat verlassen

H. Müller, Kim ist meine Freundin, Brandes u. Apsel, Frankfurt/M. 1999, S. 14

(Es ist die Geschichte von *Jules*, einem kleinen Jungen, dessen Vater und Großvater verhaftet werden und der mit seiner Mutter in ein anderes Land fliehen muss.)

„... Mutter fing an eine Tasche zu packen.
    Sie sagte zu Jules: „Nimm den kleinen Rucksack und pack ein paar von deinen Sachen hinein. Nicht viel, nur das Wichtigste.“
    Jules war verwirrt. Woher sollte er wissen, was wichtig war?“

G. Pausewang, Auf einem langen Weg, Ravensburger, Ravensburg 1996, S. 7

(Was in diesem Buch erzählt wird, ist im letzten großen Krieg in Deutschland geschehen.)

„... Jetzt ist es so weit“, rief die Mutter nervös. „Wir müssen weg. Heute Abend müssen wir auf dem Bahnhof sein.“ ... „Steht nicht so rum, wir müssen packen.“ ... „Ich nehm den Teddy mit“, sagte Achim. ... „Wir dürfen nur mitnehmen, was wir tragen können“, rief die Mutter ...“

E. Laird, Trag mich über die Berge, Oetinger, Hamburg 1993, S. 53

(*Tara* erfährt, dass ihr Vater von der Geheimpolizei gesucht wird. Die Familie muss ganz plötzlich fliehen.)

„... Pack deine Sachen“, hatte die Tante gesagt. ... „Du kannst eine kleine Extratasche mitnehmen, aber sei vernünftig, ...“ Tara ging ins Schlafzimmer und schaute sich verzweifelt um. Wie sollte sie es bloß schaffen, alle ihre Lieblingssachen in eine kleine Tasche zu packen? ...“

L. v. Dick, Feuer über Kurdistan, Ravensburger, Ravensburg 1996 (vergr.), S. 14

(*Avin* und ihre ältere Schwester *Leyla* mussten vor vielen Jahren aus ihrer kurdischen Heimat fliehen.)

„... Nach einer langen Diskussion entbrannte ein heftiger Streit darüber, ob es besser wäre abzuwarten oder eine Flucht vorzubereiten. ... Die Entscheidung wurde den Bewohnern des kleinen Bergdorfes abgenommen. ... Die ersten Kampfflugzeuge donnerten über das Dorf hinweg ... Stumm und ohne weitere Diskussionen machten sich die Dorfbewohner ... daran, ihre Habseligkeiten zusammenzupacken ...“

M 13

Wo dein Schatz ist,
da ist auch dein Herz.

(Matthäus 6,21)

Wer Schätze sammelt mit Lügen,
der wird fehlgehen und ist unter denen,
die den Tod suchen.

(Sprüche 21,6)

Der reiche Kornbauer

Es war ein reicher Mensch, dessen Feld hatte gut getragen.
Und er dachte bei sich selbst und sprach: Was soll ich tun? Ich habe nichts, wohin ich meine Früchte sammle.
Und sprach: Das will ich tun: Ich will meine Scheunen abbrechen und größere bauen und will darin sammeln all mein Korn und meine Vorräte und will sagen zu meiner Seele: Liebe Seele, du hast einen großen Vorrat für viele Jahre; habe nun Ruhe, iss, trink und habe guten Mut!
Aber Gott sprach zu ihm: Du Narr! Diese Nacht wird man deine Seele von dir fordern; und wem wird dann gehören, was du angehäuft hast?
So geht es dem, der sich Schätze sammelt und ist nicht reich bei Gott.

(Lukas 12,16ff)

So spricht der Herr zu seinem Gesalbten, zu Kyrus, ...:
(Ich) will dir heimliche Schätze geben und
 verborgene Kleinode, damit du erkennst,
dass ich der Herr bin, der dich beim Namen
ruft, der Gott Israels.

(Jesaja 45,1ff)

Streitgespräch über das Gleichnis vom großen Abendmahl (Rollenkarten)

M 14

Beispiele für die, die am Mahl teilnehmen:

Armer Ich habe mir schon immer mal gewünscht, an so einem festlichen Tisch sitzen zu dürfen.	Gelähmter Alle haben mir geholfen, haben mich hereingetragen und an den Tisch gesetzt und mir zu Essen gegeben. Das war schön!
Blinder Ich konnte hören, wie lustig es beim Essen zuging. Alle haben gelacht und geredet und sich vor Freude in den Arm genommen.	... mit verkrüppelter Hand Ich war so froh, dass ich dabei sein durfte. Sonst stehe ich als Arbeitsloser ja immer nur allein herum.
... mit einem Buckel Alle haben gegessen und getrunken und waren fröhlich. Keiner hat mich ausgelacht.	... mit Krücken Sie haben alle gewartet, bis ich nachgekommen bin. Ich kann ja nicht so schnell laufen.
Zöllner Ich habe mit allen zusammen gegessen und getrunken. Sonst mag mich keiner leiden, und jeder spuckt vor mir aus.	Sklave Ich saß mitten in der fröhlichen Gesellschaft, als wenn ich ein feiner Herr wäre.

Beispiele für die, die nicht am Mahl teilnehmen:

Pharisäer Ein Gottesreich mit lauter Faulpelzen? Das ist unerhört. Damit will ich nichts zu tun haben.	Reicher Kaufmann Das Lumpenpack soll ins Reich Gottes kommen? Die haben doch nichts, höchstens Schulden.
Bauer mit viel Land und Vieh Ich glaube nicht, dass die Leute, die einem das Vieh von der Weide stehlen, ins Reich Gottes kommen.	Bürgermeister Ich habe ein wichtiges Amt. Aber mit Lumpen setze ich mich nicht zusammen an einen Tisch, auch nicht im Reich Gottes.
Ochsenkäufer Soll ich mich vom Viehhändler übers Ohr hauen lassen, nur weil der Herr mit seinem Mahl nicht warten kann?	Jungverheirateter Das Reich Gottes wird wohl warten können. Man heiratet schließlich nicht alle Tage.
Wohlhabender Handwerker Ich arbeite Tag für Tag am Webstuhl und hoffe, dass Gott meine Arbeit segnet. Aber die da sind ja nur Faulpelze.	Verwandter des Pharisäers Ich stimme meinem Schwager zu. Wer nichts dafür tut, Gottes Gebote genau zu erfüllen, hat im Reich Gottes nichts zu suchen.
Ackerkäufer Erstmal ist mir das Land wichtiger. Vielleicht habe ich später Lust, zum Mahle des Herrn zu gehen.	Freund des Pharisäers Gott wird mich bestimmt in sein Reich aufnehmen, wenn ich nur eifrig genug seinen Willen tue. Und der steht in den Geboten. Aber die da – tun gar nichts.

Ich kann leider nicht zur Feier kommen, weil ...

Ich kann leider nicht zur Feier kommen, weil ...

Ich kann leider nicht zur Feier kommen, weil ...

Ich kann leider nicht zur Feier kommen, weil ...

E Brot
kann man teilen

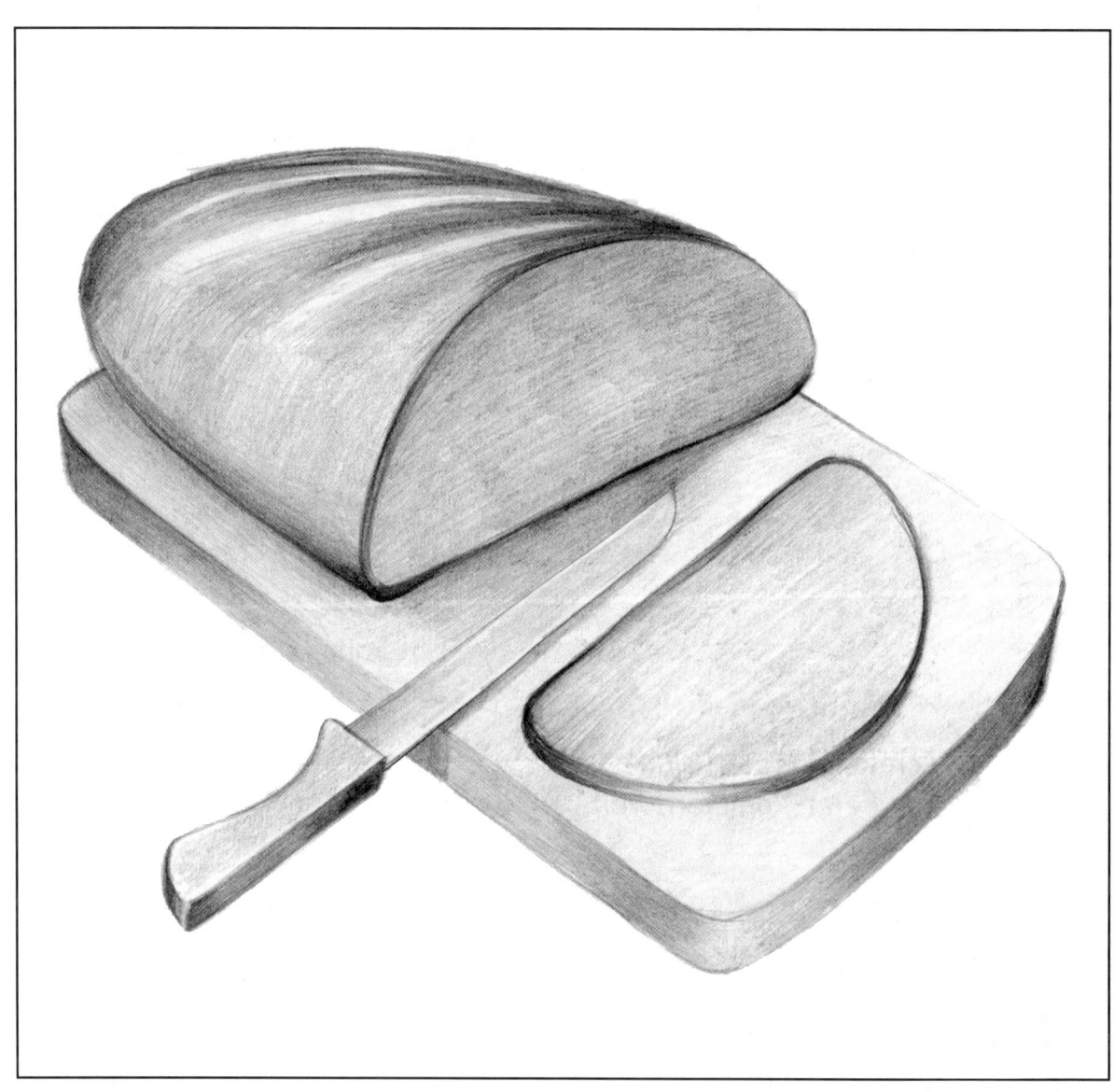

1. Thematisches Stichwort

Ein Cluster zum Thema in der Lehrerfortbildung ergab das nachstehende Bild. Vgl. im Übrigen die Ausführungen in: Religionsunterricht praktisch 4, S. 108f und Feste feiern mit RU praktisch, S. 90.

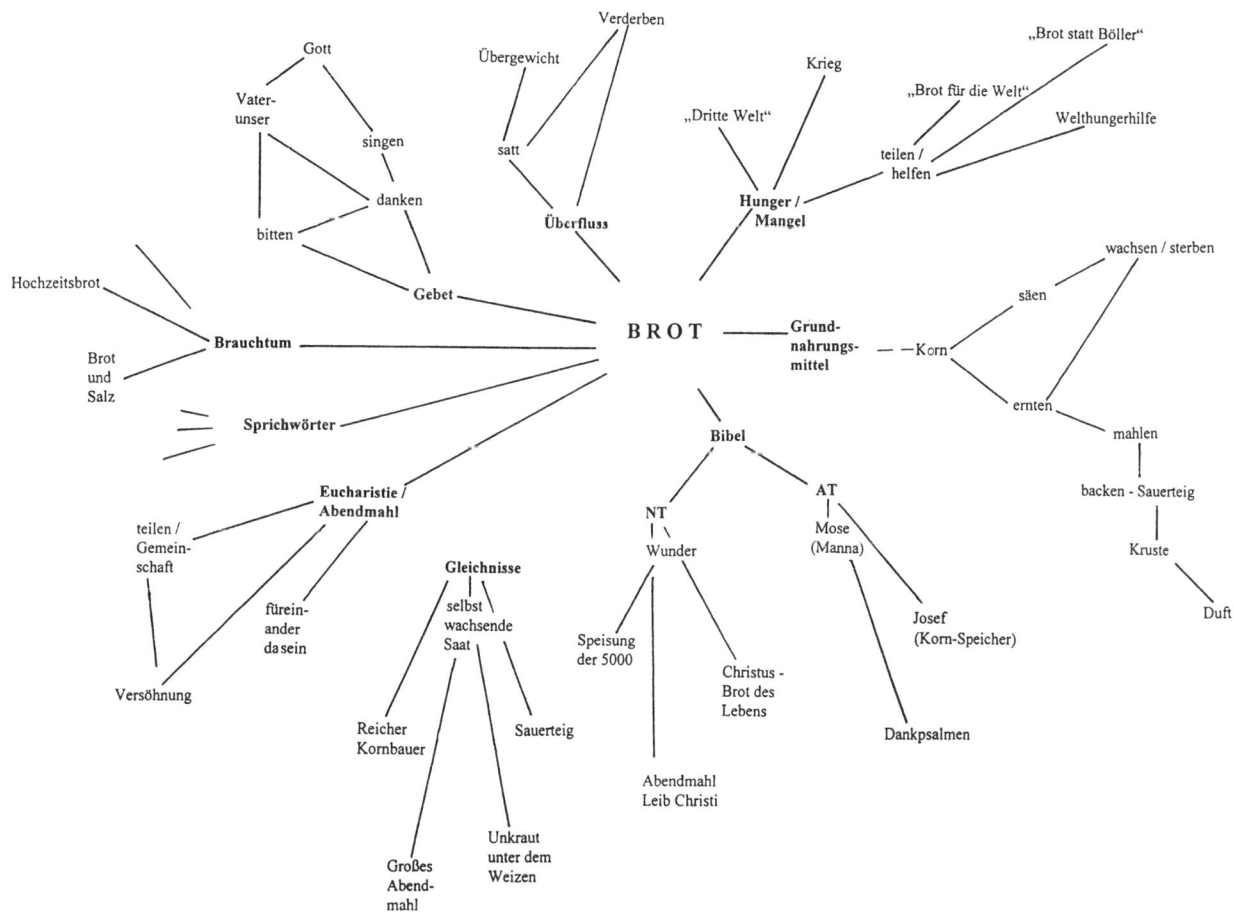

2. Literatur und Medien

Außer der Literatur in: RU praktisch 4, S. 110:
- K. Berger, *Manna, Mehl und Sauerteig. Korn und Brot im Alltag der frühen Christen*, Stuttgart 1993
- E. Bihler, *Symbole des Lebens – Symbole des Glaubens III. Werkbuch für Religionsunterricht und Katechese*, Lahn, Limburg 1995, S. 174ff
- *Brot, von dem ich lebe*, (Bausteine Altenarbeit, H.II/1994), Bergmoser + Höller, Aachen 1994
- E. Domay, Hg., *Vorlesebuch Symbole. Geschichten zu biblischen Bildwörtern*, Kaufmann/Patmos, Lahr/Düsseldorf 1990², S. 222ff

- H. Eiselen, Hg., *Brotkultur*, Dumont, Köln 1995
- C. Macherel u.a., *Une vie de pain*, Credit Communal, Brüssel 1994
- R. Schindler u.a., *Jesus teilt das Brot. Eine Geschichte zum Abendmahl*, Kaufmann, Lahr 1986
- G. Schmitz, Symbole. *Urbilder des Lebens, Urbilder des Glaubens*, Bd. 1, Lahn, Limburg 1998, S. 47ff
- L. Walker / J. Hughes, *Das große Buch vom Brot*, M. Pawlak Verlagsgesellschaft, Herrsching 1977

– G. u. N. Weidinger, *Gesten, Zeichen und Symbole im Gottesdienst*, (Dia-Serie), Kösel, München 1981, S. 30f

3. Bezüge zu Religionsunterricht praktisch

– Band 1, S. 63ff: Von Menschen, die sehen gelernt haben: St. Martin – Nikolaus
– Band 2, S. 95ff: Josef deutet den Brottraum des Pharao
– Band 3, S. 23ff: Gleichnisse: Den Himmel auf die Erde bringen
         S. 133ff: Vaterunser – Unser tägliches Brot gib uns heute!
– Band 4, S. 28ff: Dritte Welt: Voneinander lernen – Miteinander teilen
         S. 108ff: Brot des Lebens ...

Schulgottesdienste mit RU praktisch
– Band 1, S. 83ff: Frederick
– Band 2, S. 21ff: Ein Tag im Leben Jesu – Sederabend
         S. 89ff: Brot – Nahrung des Leibes und der Seele

4. Erläuterungen zu den Freiarbeits-Vorschlägen

Vorbemerkungen: Die *sachkundlichen* Aspekte des Themas werden hier außer Acht gelassen.

Hier ist auf den Sachunterricht und die einschlägige Literatur zu verweisen. Dies trägt zur Entlastung der Arbeit im RU und zur Profilschärfung bei. Aus den genannten Gründen wird im Folgenden das Schwergewicht auf die symbolisch-metaphorischen Inhalte gelegt.

Zu 5.1 Vom Korn zum Brot

L. sollte ggf. ein Kontrollblatt bereitstellen.

Zu 5.4 Brot im Neuen Testament / Alten Testament

Vor dem unterrichtlichen Einsatz ist der Text der Fantasiereise auf Kassette zu sprechen, ggf. mit Musik zu untermalen / zu mischen.

Mit den Bildern aus Legematerial kann am Ende der Reihe ein Gemeinschaftsbild / ein Mandala gestaltet werden und hinführend bzw. abschließend die Fantasiereise erneut verlesen / angehört werden.

Zusammenstellung von biblischen Brottexten im AT und NT zur zusätzlichen Verwendung:

Vom Sämann
[3]Hört zu! Siehe, es ging ein Sämann aus zu säen. [4]Und es begab sich, in dem er säte, dass einiges auf den Weg fiel; da kamen die Vögel und fraßen's auf. [5]Einiges fiel auf felsigen Boden, wo es nicht viel Erde hatte, und ging alsbald auf, weil es keine tiefe Erde hatte. [6]Als nun die Sonne aufging, verwelkte es, und weil es keine Wurzel hatte, verdorrte es. [7]Und einiges fiel unter die Dornen, und die Dornen wuchsen empor und erstickten's, und es brachte keine Frucht. [8]Und einiges fiel auf gutes Land, ging auf und wuchs und brachte Frucht, und einiges trug dreißigfach und einiges sechzigfach und einiges hundertfach.

(Mk 4,2ff)

Vom Sauerteig
[33]Ein anderes Gleichnis sagte er ihnen. Das Himmelreich gleicht einem Sauerteig, den eine Frau nahm und unter einen halben Zentner Mehl mengte, bis es ganz durchsäuert war.

(Mk 13,33)

⁹Unser Vater im Himmel!
Dein Name werde geheiligt.
¹⁰Dein Reich komme.
Dein Wille geschehe wie im Himmel so auf Erden.
¹¹Unser tägliches Brot gib uns heute.

(Mt 6,9ff)

Vom Wachsen der Saat

²⁶Und er sprach: Mit dem Reich Gottes ist es so, wie wenn ein Mensch Samen aufs Land wirft ²⁷und schläft und aufsteht, Nacht und Tag; und der Samen geht auf und wächst – er weiß nicht wie. ²⁸Denn von selbst bringt die Erde Frucht, zuerst den Halm, danach die Ähre, danach den vollen Weizen in der Ähre. ²⁹Wenn sie aber die Frucht gebracht hat, so schickt er alsbald die Sichel hin; denn die Ernte ist da.

(Mk 4,26ff)

Der bittende Freund

⁵Und er sprach zu ihnen: Wenn jemand unter euch einen Freund hat und ging zu ihm um Mitternacht und spräche zu ihm: Lieber Freund, leih mir drei Brote; ⁶denn mein Freund ist zu mir gekommen auf der Reise, und ich habe nichts, was ich ihm vorsetzen kann, ⁷und der drinnen würde antworten und sprechen: Mach mir keine Unruhe! Die Tür ist schon zugeschlossen und meine Kinder und ich liegen schon zu Bett; ich kann nicht aufstehen und dir etwas geben. ⁸Ich sage euch: Und wenn er schon nicht aufsteht und ihm etwas gibt, weil er sein Freund ist, dann wird er doch wegen seines unverschämten Drängens aufstehen und ihm geben, so viel er bedarf.

(Lk 11,5ff)

Die Speisung der Fünftausend

¹³Als das Jesus hörte, fuhr er von dort weg in einem Boot in eine einsame Gegend allein. Und als das Volk das hörte, folgte es ihm zu Fuß aus den Städten. ¹⁴Und Jesus stieg aus und sah die große Menge; und sie jammerten ihn und er heilte ihre Kranken.

¹⁵Am Abend aber traten seine Jünger zu ihm und sprachen: Die Gegend ist öde und die Nacht bricht herein; lass das Volk gehen, damit sie in die Dörfer gehen und sich zu essen kaufen. ¹⁶Aber Jesus sprach zu ihnen: Es ist nicht nötig, dass sie fortgehen; gebt ihr ihnen zu essen. ¹⁷Sie sprachen zu ihm: Wir haben hier nichts als fünf Brote und zwei Fische. ¹⁸Und er sprach: Bringt sie mir her!

¹⁹Und er ließ das Volk sich auf das Gras lagern und nahm die fünf Brote und die zwei Fische, sah auf zum Himmel, dankte und brach's und gab die Brote den Jüngern, und die Jünger gaben sie dem Volk. ²⁰Und sie aßen alle und wurden satt und sammelten auf, was an Brocken übrig blieb, zwölf Körbe voll. ²¹Die aber gegessen hatten, waren etwa fünftausend Mann, ohne Frauen und Kinder.

(Mt 14,13ff)

Die Emmausjünger

²⁹Und sie nötigten ihn und sprachen: Bleibe bei uns; denn es will Abend werden und der Tag hat sich geneigt. Und er ging hinein, bei ihnen zu bleiben.

³⁰Und es geschah, als er mit ihnen zu Tisch saß, nahm er das Brot, dankte, brach's und gab's ihnen. ³¹Da wurden ihre Augen geöffnet und sie erkannten ihn. Und er verschwand vor ihnen.

(Lk 24,29f)

Speisung mit Wachteln und Manna

¹³Und am Abend kamen Wachteln herauf und bedeckten das Lager. Und am Morgen lag Tau rings um das Lager. ¹⁴Und als der Tau weg war, siehe, da lag's in der Wüste rund und klein wie Reif auf der Erde. ¹⁵Und als es die Israeliten sahen, sprachen sie untereinander: Man hu? Denn sie wussten nicht, was es war. Mose aber sprach zu ihnen: Es ist das Brot, das euch der HERR zu essen gegeben hat. ¹⁶Das ist's aber, was der HERR geboten hat: Ein jeder sammle, soviel er zum Essen braucht, einen Krug voll für jeden nach der Zahl der Leute in seinem Zelte.

(Ex 16,13ff)

⁷Brich dem Hungrigen dein Brot, und die im Elend ohne Obdach sind, führe ins Haus! Wenn du einen nackt siehst, so kleide ihn, und entzieh dich nicht deinem Fleisch und Blut!

(Jes 58,7)

Brot des Lebens

³¹Unsre Väter haben in der Wüste das Manna gegessen, wie geschrieben steht (Psalm 78,24): „Er gab ihnen Brot vom Himmel zu essen." ³²Da sprach Jesus zu ihnen: Wahrlich, wahrlich, ich sage euch: Nicht Mose hat euch das Brot vom Himmel gegeben, sondern mein Vater gibt euch das wahre Brot vom Himmel. ³³Denn Gottes Brot ist das, das vom Himmel kommt und gibt der Welt das Leben. ³⁴Da sprachen sie zu ihm: Herr, gibt uns allezeit solches Brot.

³⁵Jesus aber sprach zu ihnen: Ich bin das Brot des Lebens. Wer zu mir kommt, den wird nicht hungern; und wer an mich glaubt, den wird nimmermehr dürsten.

(Joh 6,31f)

Segen und Fluch

[3]Werdet ihr in meinen Satzungen wandeln und meine Gebote halten und tun, [4]so will ich euch Regen geben zur rechten Zeit und das Land soll sein Gewächs geben und die Bäume auf dem Felde ihre Früchte bringen. [5]Und die Dreschzeit soll reichen bis zur Weinernte, und die Weinernte soll reichen bis zur Zeit der Saat. Und ihr sollt Brot die Fülle haben und sollt sicher in eurem Land wohnen.

(Lev 26,3ff)

Zu 5.5 Tänze – Lieder – Gebete

Die zu verklanglichenden Begriffe sind fett gedruckt.
Weitere Lieder zum Thema:
– „Brich mit dem Hungrigen dein Brot" (SL 206)

Zu 5.6 Bilder (a)

Für die Tabelle sollte Plakatkarton/Papier im Format DIN A2 bereitgestellt werden.

Zu 5.6 c) S. Köder, Das Mahl

Das Mahlbild ist Teil des Misereor Hungertuches „Hoffnung den Ausgegrenzten" aus dem Jahr 1996. In einer Erläuterung zum Bild (Faltblatt Misereor) heißt es zu unserem Motiv:

„Wir sehen einen gedeckten Tisch, gefüllt mit reichen Gaben: blaue Trauben, Brote, zwei Fische, eine übervolle Schale Reis, zwei Äpfel, eine Zitrone. Dabei stehen ein Tonkrug, Wein- und Wasserflaschen, ein mit rotem Wein gefüllter Becher. Um den Tisch sitzen Vertreter aus aller Welt: auf der linken Seite oben ein Afrikanerjunge, daneben – mit seinem Gewand in den Farben des Regenbogens – ein Indio aus dem Andenhochland, davor ein Liebespaar, er mit einem Strauß Rosen in den Händen. Auf der rechten Seite erkennen wir eine Frau, die sich an eine Hand schmiegt, daneben eine Asiatin, vor ihr ein kleiner schwarzer Junge, der kaum über den Tisch schauen kann und vorne ein alter Afrikaner, der im Blick auf den Betrachter in sich versunken seinen Wein trinkt. Diese Tischgemeinschaft ist eingeladen von dem, der das Brot bricht und dessen Antlitz sich im Becher spiegelt.

Jesus isst und trinkt mit den Zöllnern und Sündern (vgl. Mk 2,13-17). Für ihn gibt es keine Trennung zwischen Heiligen und Sündern. Der Maler will, dass wir Maß nehmen an der unvoreingenommenen Offenheit und Gastlichkeit Jesu. Nicht die geschlossene Runde von Gleichgesinnten, sondern der nach allen Seiten offene Kreis, nicht das kultische Mahl im Tempel, sondern der festlich gedeckte Tisch eines Festmahles sind das zentrale Symbol der Reich-Gottes-Vision. Menschen unterschiedlicher Kulturen an einen Tisch zu bekommen, ihnen nicht nur die Brosamen vom Tisch der Reichen zu gönnen, sondern sie als gleichberechtigte Gesprächspartner zu akzeptieren: das ist auch Auftrag und tägliches Bemühen der von Misereor geförderten Solidaritätsarbeit."

Als Alternative ist für die Erschließung des Bildes auch die Arbeit mit einer Tabelle denkbar (die L. vorgibt bzw. die Kinder selbst anlegen).

Wenn es die räumlichen und zeitlichen Gegebenheiten erlauben, kann die Arbeit mit gemeinsamem Backen und Verzehren eines selbst gebackenen Brotes abgeschlossen werden:

Rezept für ein würziges Landbrot:

Zutaten:
- 150g Weizenvollkornmehl
- 150g Weizenmehl Type 550
- 200g Roggenmehl Type 1150
- 300ml lauwarmes Wasser
- 2 EL Öl
- 1/2 Würfel Hefe
- 2 TL Salz
- 1 TL Zucker oder Honig
- 1/2 TL gemahlenen weißen Pfeffer
- 1/2 TL gemahlenen Koriander

Zubereitung:
Im Backautomaten: Die Menge ist abgestimmt auf einen Backautomaten, der Brote von bis zu 1000g zubereiten kann. Mit dem Programm „normal" bei heller Bräunung nach Vorschrift des Backautomaten-Herstellers backen.

Im Ofen:
1. Die Hefe, den Zucker (Honig), das Weizenmehl und das Wasser zu einem weichen Vorteig verrühren.
2. Nach 30 Minuten Ruhezeit die restlichen Zutaten beimengen und alles zu einem glatten Teig verkneten.
3. Den Teig 1 Stunde gehen lassen und erneut durchkneten, dann zu einem runden Laib formen. Diesen mit Roggenmehl bestäuben und auf einem gefetteten Backblech bei maximal 50°C im Ofen 30 Minuten gehen lassen, bis er sich deutlich vergrößert hat.
4. Nun bei 210°C ca. 1 Stunde backen.

---

5. Freiarbeitsvorschläge

5.1 Vom Korn zum Brot

Du benötigst: – Memory: Vom Korn zum Brot (**M 1 a + b**)
               – Kontrollblatt: **M 2**

Arbeits-
vorschläge: – Klebe die Bild- und die Textkarten auf Pappe und schneide die Memory-Kärtchen aus.
             – Mische die Kärtchen verdeckt. Ein Paar besteht aus je einer Bild- und einer Textkarte: Wer bildet die meisten Paare?
             – Wenn alle Paare offen auf dem Tisch liegen, überlege dir mit deinen Mitspielern die richtige Reihenfolge der Kartenpaare von der Aussaat bis zum Brot. (Kontrollblatt nötig!)

5.2 Körner: Geröstet, gekocht, gebacken

Du benötigst: – Die Info-Blätter „Körner: Geröstet – gekocht – gebacken" (**M 3**) und „Brot und Backen" (**M 4**)
               – Karteikarten
               – Bildkartei (**M 7 a-c**)

Arbeits-
vorschläge: – Lies die Texte durch. Verarbeite die Informationen zu einer Kartei und bebildere sie.

             oder

             – Denk dir ein Kreuzworträtsel mit den Hauptbegriffen und -sachverhalten aus.

             oder

             – Lege eine bebilderte Lernstraße an. Überlege, welche Gegenstände außer den bereitliegenden du noch benötigst. Wie / wo kannst du sie herbekommen?

5.3 Brot als Symbol

a) Was alles Brot sein kann

Arbeits-
vorschläge: – Schreibe in die Leer-Kästchen, was Brot für dich alles sein kann.

              – Wähle ein Kästchen aus. Schreibe eine kleine Geschichte oder male eine
                Bildfolge / Bildergeschichte dazu.

b) K. Kollwitz, Brot!

Arbeits-
vorschlag: Stellt die dargestellte Situation im Standbild nach. Überlegt: Was sagen, denken, fordern, wünschen die Kinder? Formuliert Bitten und
schreibt sie auf die Leer-Kästchen. Ordnet diese Sprechblasen den
Figuren auf dem Bild zu.

c) S. Köder, Das Mahl mit den Sündern

Klebe hier Bild **FM 7** hin.
(S. Köder, Das Mahl mit den Sündern)

Arbeits-
vorschlag: Suche dir eine Person auf dem Bild aus.
                Überlege: Was könnte das Brot für diese Person bedeuten?

5.4 Brot in der Bibel

a) Der Sämann

Du benötigst: –   Kassette mit der Fantasiereise zum Gleichnis vom Sämann (nach **M 5**)
                –   Legematerial
                –   van Gogh „Der Sämann" (**FM 8**)

Arbeits-
vorschläge: Höre dir in deiner Lieblingsecke die Fantasiereise vom Sämann noch einmal
                an. Du kannst

                –   dabei das Bild „Der Sämann" von van Gogh betrachten.

                –   dabei mit den Legematerialien auf eine Platte ein passendes „Bild" legen.

                –   dabei eine pantomimische Darstellung der Geschichte überlegen, die du
                    im Kreis vorstellen kannst.

b) Speisung der Fünftausend

Arbeits-
vorschlag: Schau dir das Bild genau an.
Nimm das Bild oder schneide einen Teil des Bildes aus und gestalte es
weiter (malen, kleben, etc.).

Entweder: Wie war es damals?

oder

Wie könnte / kann es heute sein?

5.5 Tänze – Lieder – Gebete

Ihr benötigt: – Text „Die Geschichte vom Korn" (**M 6**)
                – Orff-Instrumente

Arbeits-
vorschläge: – Versucht den Text mit verschiedenen Instrumenten zu verklanglichen.
                  Die dick gedruckten Begriffe können euch dabei helfen, Instrumente aus-
                  zuwählen.

                – Ihr könnt die Geschichte auch pantomimisch spielen.

                – Überlegt euch einen Tanz zu der Geschichte.

5.6 Bilder

a) Tabelle

Ihr benötigt: Zeitungen / Zeitschriften / Illustrierten

Arbeits-
vorschläge: – Fertigt eine Tabelle) mit folgenden Überschriften an:

teilen	Gemeinschaft	vom Korn zum Brot

– Sucht passende Bilder und ordnet sie den Überschriften zu.

oder

– Sucht in der Bildkartei **M 7 a-c** das Gemeinsame an den Bildern.
   Findet eine Überschrift.

b) Cluster

Ihr benötigt: – Bildkartei (**M 7 a-c**)
              – Packpapier (DIN A1)
              – Stifte

Arbeits-
vorschlag: Erstellt mit den Bildern aus der Bildkartei ein Cluster.
             Zeichnet passende Verbindungsstriche.

c) S. Köder, Das Mahl

Klebe hier **FM 9** ein!
(S. Köder, Das Mahl)

Arbeits-
vorschläge: –   Schau dir das Bild genau an. Was sagt es dir über die einzelnen Menschen?

–   Schreibe einen Steckbrief zu den einzelnen Personen (Wie sehen sie aus?
Mit wem sind sie zusammen? Woher kommen sie? Was denken und
fühlen sie?). Trage deine Beobachtungen in **FM 9** ein.

–   Brot hat auf diesem Bild verschiedene Aufgaben. Legt die Textstreifen
(**M 8**) auf die richtigen Stellen im Bild.

–   Wenn du möchtest, suche dir eine schöne Stelle und male dich in das
Bild hinein.

Vom Korn zum Brot

Vom Korn zum Brot

Mit der Sichel wird das Korn geschnitten.	Das Getreide wird zu Garben gebündelt.	Im Ofen werden die Fladen gebacken.
Der Teig wird zu Fladen geformt.	Die Dreschtafel wird über das Korn gezogen – die Körner fallen aus den Ähren.	Der Holzpflug lockert die Erde.
Der Bauer sät das Korn.	Brot gehört zu jeder Mahlzeit.	Die Körner werden mit den Mühlsteinen zu Mehl gemahlen.
Gerste, Weizen und Hirse sind Grundnahrungsmittel in Palästina.	Zur Reinigung wird das Korn gesiebt.	Beim Worfeln trennt der Wind Korn und Spreu.

Kontrollblatt: Vom Korn zum Brot

Die Körner werden mit
den Mühlsteinen zu
Mehl gemahlen.

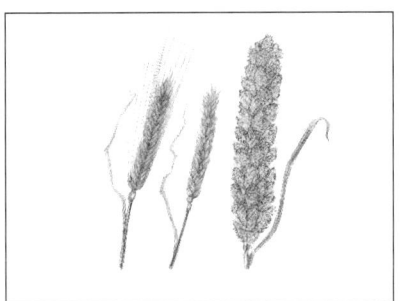

Gerste, Weizen und
Hirse sind Grundnahrungs-
mittel in Palästina.

Die Dreschtafel wird über das
Korn gezogen – die Körner
fallen aus den Ähren.

Im Ofen werden die
Fladen gebacken.

Der Holzpflug
lockert die Erde.

Brot gehört zu
jeder Mahlzeit.

Der Teig wird zu Fladen
geformt.

Der Bauer
sät das Korn.

Das Getreide wird
zu Garben gebündelt.

Beim Worfeln trennt der
Wind Korn und Spreu.

Zur Reinigung wird
das Korn gesiebt.

Mit der Sichel wird das
Korn geschnitten.

Körner: Geröstet, gekocht, gebacken

10.000 – 6.000 v.Chr. 3.000 v.Chr.	Die sesshaft gewordenen Nomaden – bauten Häuser – hielten Vieh – bestellten Felder (z.B. Hirse und Gerste)

Körner wurden *geröstet* und gegessen.

Aus zerstampften Körnern wurde *Suppe* und *Brei* gekocht.

Körner wurden zwischen Reibesteinen (später mit einfachen Steinmühlen) zu Mehl gemahlen. Aus Mehl und Wasser entstand ein Teig. Dieser wurde in heißer Asche oder auf heißen Steinen zu *Fladen* gebacken.

3.000 – 2.500 v. Chr.	Durch Treibmittel (Sauerteig o.Ä.) wurde der Teig aufgelockert und im Ofen zu *Brot* gebacken.
150	In Rom gab man zur Verfeinerung Milch, Mohn, Sesam und Anis in den Teig. Die Kultur des Brotbackens kam von den Ägyptern über Griechenland und Rom auch zu den Germanen.

„Für das Backen gab es zweierlei Methoden. Die eine Methode bestand darin, auf einem größeren Stein ein Feuer anzuzünden und den Stein auf diese Weise zu erhitzen. Der Brotfladen wurde dann auf den Stein gelegt und mit heißer Asche bedeckt. Etwas aufwendiger war die zweite Methode. Hierzu wurde eine kleine Grube ausgehoben, über der ein zylindrisches Tongefäß (u. U. ein beschädigter großer Krug) aufgestellt wurde. In der Grube wurde dann ein Feuer entfacht. Nachdem dieses heruntergebrannt war und die Seitenwände des Tonzylinders heiß geworden waren, klatschte man den Brotfladen an die Innenseite dieses Ofens. Wenn das Brot fertig gebacken war, fiel es von selbst ab."

M 4

Brot und Backen

Der Getreideanbau geht im Nahen Osten bis auf das Neolithikum (7.-5. Jahrtausend vor Christus) zurück. In bibl. Zeit war Brot aus Gerste oder Weizen ein Grundnahrungsmittel. Weizenbrot wurde bei religiösen Feiern und am Königshof verwendet.

Möglicherweise aßen nur die wirklich armen Leute Gerstenbrot. Vor dem Essen wurde ein Segen über das Brot gesprochen.

Das Brotbacken hat sich über die Zeiten hinweg wenig verändert. Das Mehl wurde mit Wasser vermengt und ein Teig daraus bereitet. Dieser wurde sofort nach dem Kneten gebacken, sodass ein ungesäuertes Brot entstand, oder man ließ ihn nach dem Zusatz von Hefe gehen. Sowohl in vorbiblischer als auch in biblischer Zeit wurden die Brotlaibe auf flachen Steinen, die man zuvor im offenen Feuer erhitzt hatte, oder in einem Ofen aus Ton gebacken. Die Öfen besaßen die Form eines Kegelstumpfs, der unten eine Öffnung hat-

te, durch die das Feuer geschürt werden konnte. Der vorbereitete Teig wurde an die Innenseite der erhitzten Wände geklebt. Die Brotlaibe waren nicht dicker als 2,5 cm und werden in der Bibel oft als Fladen bezeichnet. Bei einem dritten Verfahren wurde eine flache Schale verwendet, die über einem offenen Feuer erhitzt wurde. Die flachen Laibe wurden auf die obere Seite gelegt, die kleine Aus- und Einbuchtungen hatte, was das Abnehmen der fertigen Brote erleichterte.

In hellenistischer und römischer Zeit wurde das Brot wie in der Antike von der Hausfrau im Hof ihres Hauses hergestellt, wie auch heute im Orient noch üblich. In den Städten kam zu dieser Zeit eine neue Art Backofen in Gebrauch. Der Teil des Ofens, in dem gebacken wurde, war nun von der Feuerung getrennt. Dadurch konnten dickere Laibe hergestellt werden, die mehr den heutigen ähneln.

Fantasiereise zum Gleichnis vom „Sämann" (Mt 13,3–8)

Ich möchte dich zu einer Reise einladen.
Einer Reise in die Fantasie.

Rücke deinen Stuhl etwas zurück. Setze dich still hin.
Die Füße stehen nebeneinander auf dem Boden. Deine Arme liegen auf dem Tisch.
Du legt deinen Kopf auf die Arme und schließt die Augen.
Du bist jetzt ganz still und sagst nichts mehr. Du spürst, wie du atmest. Ganz ruhig.

Du stehst jetzt am Rand eines Feldes. Dein Blick wandert über das Land.
Du siehst einen großen Acker, der von einer dornigen Hecke begrenzt wird. Große Felsbrocken liegen am Rand des Ackers in einer Furche. Neben dem Acker verläuft eine breite Straße.

Schau nun an dir herab. Du trägst ein Arbeitshemd, eine Latzhose, Stiefel und auf dem Kopf eine Kappe, die dich vor der heißen Sonne, die du im Nacken spürst, schützen soll. Über deiner Schulter trägst du einen Beutel mit Körnern. Mit deiner rechten Hand greifst du in den Beutel und nimmst eine Hand voll Körner heraus. Nun holst du ein wenig aus und bringst die Körner in deiner Hand mit Schwung auf dem Acker aus. Dabei gehst du langsam weiter, greifst dann erneut in den Beutel und säst das nächste Stück des Ackers ein.
Bei deiner Arbeit fallen auch einige Körner auf die Straße, andere liegen unter den Büschen der Hecke und etliche fallen auf die Felsbrocken. Die Körner, die auf die Straße gefallen sind, werden sofort von den Vögeln aufgepickt und gefressen.

Nachdem du den ganzen Acker eingesät hast, bist du glücklich und zufrieden. Du betrachtest noch einmal dein Werk und gehst nach Hause.

In den nächsten Tagen schaust du immer wieder nach deinem Feld, weil du wissen willst, ob die Saat gut aufgegangen ist. Auf dem Acker selbst ist noch nicht viel zu sehen. Du gehst zu den Felsen und siehst, dass die Körner dort schnell aufgegangen sind. Weil sie aber nicht von schützender Erde bedeckt wurden, verbrannten sie in der heißen Sonne.

Wieder ein paar Tage später schaust du zuerst an der Dornenhecke nach der Saat. Die Hecke ist stark gewachsen, die Dornen sind spitz und lang und ließen den Körnern darunter keine Chance. Sie bekamen kein Licht und wurden von den Dornen erstickt. Jetzt fällt dein Blick auf den Acker. Dort wird alles herrlich grün. Die Saat ist wunderbar aufgegangen. Schon jetzt ahnst du, dass dir eine reiche Ernte beschert sein wird. Glücklich und dankbar schaust du dich um und betrachtest dein Feld.

Nun bist du wieder verwandelt. Du bist wieder du selbst und sitzt im Klassenraum bei all deinen Freunden.
Du spürst deinen Atem und bist ganz ruhig.

Du bist von deiner Reise zurück.
Du reckst dich und streckst Arme und Beine weit von dir.
Nun öffnest du die Augen.

„Die Geschichte vom Korn"

1.	**Das kleine Korn**, winzig, unscheinbar, voller Energie, fällt tief in die **dunkle Erde**, wo keiner hinblickt. Alles ist dunkel, scheinbar leblos und einsam.	> Glöckchen oder Wasserglas
2.	Warme **Sonnenstrahlen** fallen auf die Erde und schenken dem Korn ihre wohlige Wärme. Das kleine Korn fühlt sich richtig gemütlich und geborgen tief im Innern des Bodens.	> Reiben auf der Handtrommel
3.	Am Himmel ziehen dunkle Wolken auf, viele **Regentropfen** fallen sanft auf die Erde. Einige der Tropfen suchen sich ihren Weg zum Korn.	> Klopfen auf Handtrommel
4.	Die harte Schale **bricht auf**. Das Wunder des Lebens beginnt. Ein **kleiner frischer Keim** wächst zaghaft aus dem Innern des Korns.	> Klanghölzer
5.	Lebendig **durchbricht** der Kern die Dunkelheit der Erde und streckt sich dem Licht freudig entgegen.	> Klanghölzer
6.	Die kleine Pflanze wird **größer und stärker** und wächst der Sonne entgegen.	> Rassel
7.	Der Halm öffnet sich. Aus ihm heraus wächst, von Blättern umgeben, eine feste Ähre. Sie wird größer und größer und öffnet sich. Das Wunder zeigt sich: Aus einem winzigen, kleinen Korn wurden viele **Körner**.	> Gläserorgel

Bildkartei

(1)

(2)

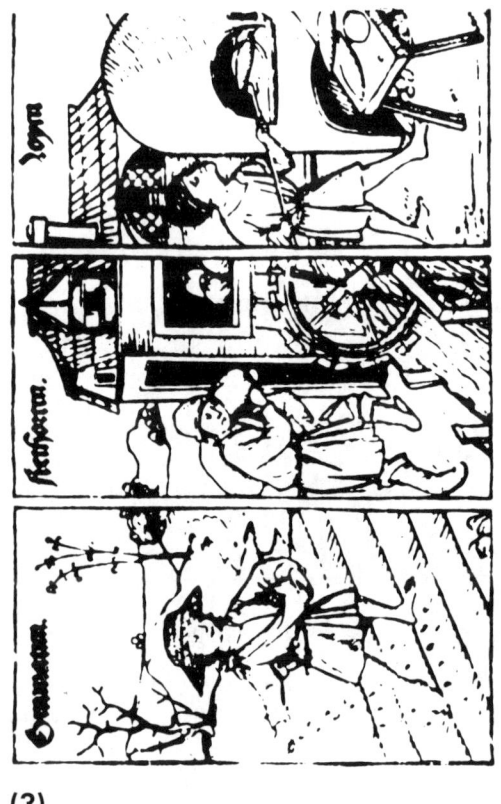

(3)

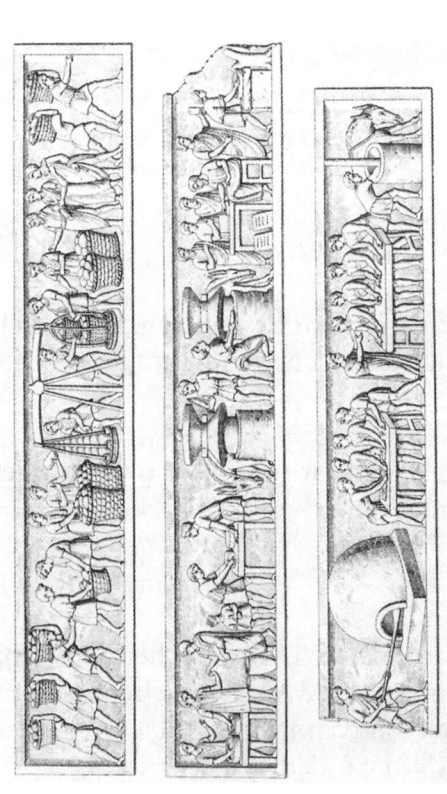

(4)

Bildkartei M 7b

(5)

(8)

(6)

(7)

(9)

Bildkartei   **M 7c**

(10)

Textstreifen

Brot schafft Gemeinschaft.

Sie sind Brot füreinander.

Reis kann auch Brot sein.

Brot sieht so lecker aus.

Brot kann man teilen.

Wenn Brot fehlt, sind wir hungrig.

Jesus ist Brot für die Frau.

Jesus bricht das Brot für alle.

Fast überall auf der Welt essen Menschen Brot.

Quellenverzeichnis

1. Texte

S. 12: Deutscher Katecheten-Verein (Hg.), Hände. Bildfolien für Schule und Gemeinde, Calig/dkv, München 1982, S. 3. –

S. 13: Gabriele Heidecker, in: Jörg Zink, Dia-Bücherei Christliche Kunst, Bd. 21: Jesusgeschichten III: Reden und Gleichnisse, © 1987 Verlag am Eschbach. –

S. 69: F. Vester, Wasser = Leben. Ein kybernetisches Umweltbuch, Ravensburger, Ravensburg 1987, S. 43 (vergr.). –

S. 92 (Abb. a): PSF Praxis Schulfernsehen 2/1988, S. 89, VGS, Köln. –

S. 92 (Abb. b): Einheitsübersetzung der Heiligen Schrift, © 1980 Katholische Bibelanstalt, Stuttgart. –

S. 92 (Abb. c): Hans-Martin Große-Oetringhaus, Aminatas Erzählung, S. 24. –

S. 92 (Abb. d): Antoine de Saint-Exupéry, Wind, Sand und Sterne, © 1939/1956 Karl Rauch Verlag, Düsseldorf. –

S. 93ff., 139, 144ff.: Lutherbibel, rev. Text 1984, durchges. Ausgabe in neuer Rechtschreibung, © 1999 Deutsche Bibelgesellschaft, Stuttgart. –

S. 126f., 130f.: B. Cratzius, Meine große Kinderbibel, Herder, Freiburg 1996, S. 146f., 157, 182, 190, © Cratzius. –

S. 128f.: Text von Klaus Knoke aus: Die Bibel mit Bildern von Esben Hanefelt Kristensen, © 2001 Deutsche Bibelgesellschaft, Stuttgart. –

S. 146: Text zum Motiv aus dem Prospekt zum Hungertuch von Dr. Erwin Mock, © 1996, Misereor Medienproduktion, Aachen. –

S. 147: Bansemer (Hg.), Rezepte für Brotbackautomaten, gen. Ausgabe für Le CAF, Hamburg, by Falken, 1996, S. 59. –

S. 160: Wolfgang Zwickel, Die Welt des Alten und Neuen Testaments. Ein Sach- und Arbeitsbuch, S. 54, © 1997 by Calwer Verlag, Stuttgart. –

S. 161: A. Negev (Hg.), Archäologisches Lexikon, © 1991 Hänssler Verlag, D-71087 Holzgerlingen.

2. Bilder

S. 13: © VG Bild-Kunst, Bonn 2001. –

S. 15 (o.li., o.re.): Nordlicht Bildarchiv, Henstedt. –

S. 15 (u.li.): Marie Dorigny. –

S. 17: K. Schilling, Symbole erleben, Katholisches Bibelwerk 1991, S. 148. –

S. 23: Rembrandt, „Hundertguldenblatt" (um 1648/50). –

S. 26: © by Brendow Verlag, D-47443 Moers. Plastik von Dorothea Steigerwald, Motiv: Bleib Sein Kind. –

S. 28: Chriga. –

S. 51: H. Hornung. Safari ins Reich der Sterne, Verlag Friedrich Oetinger, Hamburg 1992. –

S. 54: Begleitheft zum Bilderbuch „Gott kommt als Kind", Verlag Herder, Freiburg i.Br. 1990. –

S. 60 (Abb. a, b, d): Wolfgang Hund, Mandalas für die Weihnachtszeit, Verlag an der Ruhr, Mülheim 1996, daraus S. 12, 27, 52. –

S. 60 (Abb. c): R. Dahlke, Mandala-Malblock. 72 Mandalas aus Ost, West und der Mitte, Edition Neptun, München o. J. –

S. 60 (Abb. e, f): G. u. R. Maschwitz, Aus der Mitte malen – heilsame Mandalas, Kösel, München 1996, Bild Nr. 8, 11. –

S. 61: Das Zahlenbuch. Mathematik im 4. Schuljahr, Klett, S. 108. –

S. 62: Bistum Essen (Hg.), Gott wird Kind. Wir sagen Euch an: Advent. Ein Wegbegleiter für Eltern und Kinder durch die Advents- und Weihnachtszeit 1993/94 (21. Dez.). –

S. 68: R. Seibold, Kierspe. –

S. 98: M. Hundsdörffer, Taufe: Die Botschaft der Taufsteine, Katzmann, Tübingen 1998. –

S. 99 (Abb. a, d): © KNA-Bild, Bonn. –

S. 99 (Abb. b): Gradwohl/Petri/Thierfelder/Wertz, Calwer materialien, Grundkurs Judentum, S. 85 © 1998 by Calwer Verlag, Stuttgart. –

S. 118: nach © Sieger Köder, Das Mahl mit den Sündern. –

S. 137: Yannis Behrakis/Reuters. –

S. 150: Käthe Kollwitz, Brot! (1924), © VG Bild-Kunst, Bonn 2001. –

S. 153: Hungertuch aus Äthiopien, © Misereor Medienproduktion, Aachen. –

S. 164 (1): Mathäus Schiestl (1869–1939), Das Almosen der Armen, Lithographie, München (1903). –

S. 164 (2): Bäuerliches Brotbacken, Holzschnitt, Straßburg (1502). –

S. 164 (3): Landmann, Müller und Bäcker (1493). –

S. 164 (4): In einer röm. Backstube (um 1910). –

S. 165 (5): Brotverteilung durch Klosterbrüder an Arme, Holzschnitt, koloriert, Straßburg (um 1477). –

S. 165 (6): Nachbildung der Figur einer Korn mahlenden Ägypterin (Orig. um 2.000 v. Chr.). –

S. 165 (7), Brotstempel. –

S. 165 (8): Oskar Kokoschka, Christus hilft den hungernden Kindern (1945), © VG Bild–Kunst, Bonn 2001. –

S. 165 (9): Steinerne Handmühle, Marokko (19./20. Jh.). –

S. 166: C. Macherel/R. Zeebroek, Une vie de pain, Brüssel 1994, S. 96.

3. Liedtexte

S. 57: „Stern über Bethlehem", Text u. Melodie: Alfred Hans Zoller, © by Gustav Bosse Verlag, Kassel; „Das Licht einer Kerze", Text: Rolf Krenzer, Musik: Peter Janssens, aus: Ich schenk Dir einen Sonnenstrahl, 1985, alle Rechte im Peter Janssens Musik Verlag, Telgte-Westfalen. –

S. 57, 59: Wolfgang Longardt, „Tragt in die Welt nun ein Licht", © Verlag Ernst Kaufmann, Lahr. –

S. 57: „Lasst Euch anstiften", © Rolf Krenzer. –

S. 58: „Die Nacht ist vorgedrungen": Jochen Klepper, Weihnachtslied (Verse 1 + 5), aus: Ders., Ziel der Zeit, Luther-Verlag, Bielefeld 2001. –

S. 59: „Mache Dich auf und werde Licht", Melodie: Kommunität Gnadenthal, Text: Bibeltext, © Präsenz-Verlag, Gnadenthal; „Ein Funke kaum zu sehen", aus: Ins Wasser fällt ein Stein, Originaltitel: Pass it on, Text: Kurt Kaiser, Deutsch: Manfred Siebald, © 1969 Bud John Songs/Sparrow/EMICMP, Rechte für Europa: Universal Songs, Holland, used by permission, Anfragen an CopyCare Deutschland, D-71087 Holzgerlingen; „Wer traurig ist", © Rolf Krenzer; „Licht auf meinem Weg", Text: Rolf Krenzer, Musik: Detlev Jöcker, aus Liedheft u. MC: Licht auf meinem Weg, alle Rechte im Menschenkinder Verlag, 48157 Münster.

4. Farbbilder (Anhang)

FM 1 (Abb. a, b, c): © Dia-Dienst/Heitmann. –

FM 1 (Abb. d): Oscar Poss/Bavaria Bildagentur. –

FM 2, 6: © VG Bild-Kunst, Bonn 2001. –

FM 3: „mail-art" 1992, Kindermuseum Wuppertal. –

FM 4, 5: Hilde Heyduck-Huth, Das verlorene Schaf, © Verlag Ernst Kaufmann, Lahr. –

FM 7: © Sieger Köder, Das Mahl mit den Sündern. –

FM 8: © Bildarchiv Foto-Marburg. –

FM 9: © 1996, Misereor Medienproduktion, Aachen.

FM 8

Vincent van Gogh, Der Sämann, entstanden 1888

FM 9

Sieger Köder, „Das Mahl", Motiv 3 aus dem Misereor-Hungertuch „Hoffnung den Ausgegrenzten", 1996

FM 7

Sieger Köder, Das Mahl mit den Sündern

FM 6

Thomas Zacharias, Der gute Hirt

FM 5

Hilde Heyduck-Huth, Bild aus: Regine Schindler,
Das verlorene Schaf, 1980

FM 4

Hilde Heyduck-Huth, Titelbild zu: Regine Schindler,
Das verlorene Schaf, 1980

FM 3

Beispiele aus dem Malwettbewerb „Wasser, Wasser, Hurra"
des Kindermuseums Wuppertal, 1992

FM 2

Detail aus der Mitteltafel des Triptychons „Der verlorene Sohn"
von Max Slevogt, 1898/99

FM 1

„Hände“

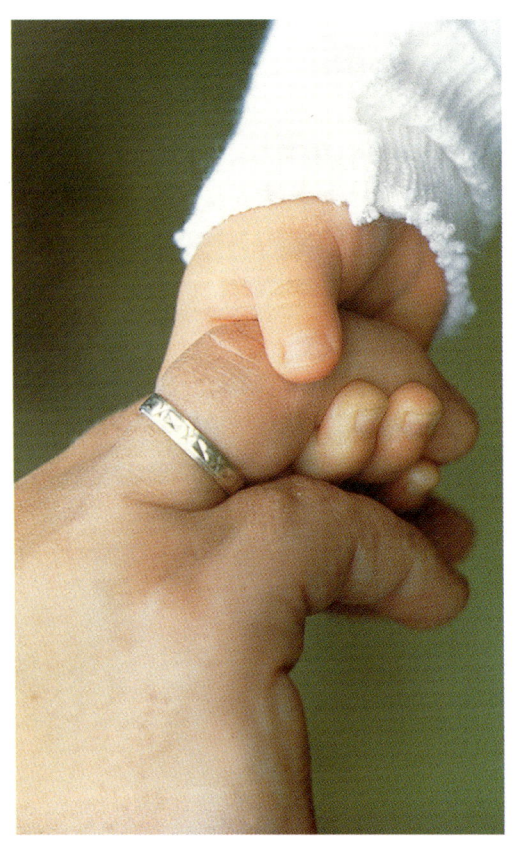

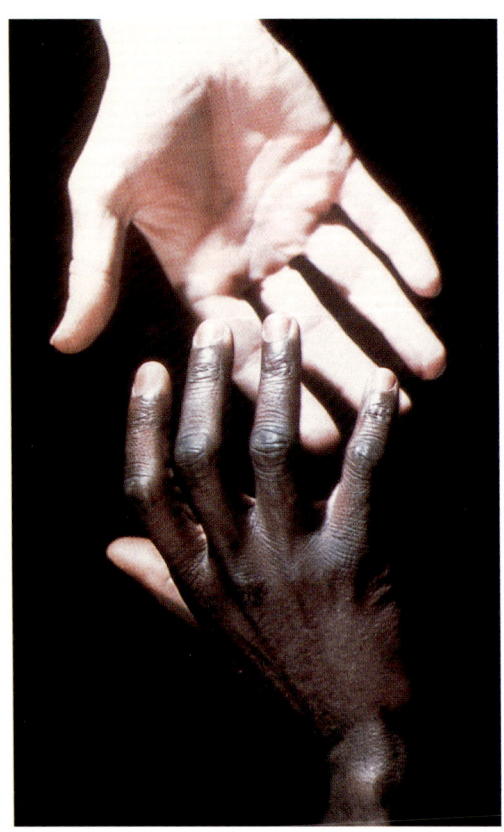